**공간을 열다
문화를 짓다**

공간을 열다
문화를 짓다

ⓒ 강은유, 2025

초판 1쇄 발행 2025년 11월 13일

지은이	강은유
펴낸이	이기봉
편집	좋은땅 편집팀
펴낸곳	도서출판 좋은땅
주소	서울특별시 마포구 양화로12길 26 지월드빌딩 (서교동 395-7)
전화	02)374-8616~7
팩스	02)374-8614
이메일	gworldbook@naver.com
홈페이지	www.g-world.co.kr

ISBN 979-11-388-4933-3 (03320)

- 가격은 뒤표지에 있습니다.
- 이 책은 저작권법에 의하여 보호를 받는 저작물이므로 무단 전재와 복제를 금합니다.
- 파본은 구입하신 서점에서 교환해 드립니다.

동네 북카페의 기적

공간을 열다
문화를 짓다

강은유 지음

1인 북카페 창업에서 지역 문화 공간으로 성장하기까지

책은 사람을 부르고, 사람은 이야기를 만들고, 이야기는 다시 사람을 부른다.
그 순환을 가능하게 하는 부드러운 자극(nudge)이 되고 싶었다.
그래서 이름도 '넛지스북카페'라고 지었다.

좋은땅

추천의 글

이 책은 단순히 커피를 파는 공간을 넘어, 책과 사람이 만나는 따뜻한 공간으로서 북카페를 만들어 가는 여정을 담은 책이다. 카페 운영에 대한 저자의 남다른 철학과 방식을 만날 수 있다. 꽂아 둘 책을 고르고 공간을 위한 음악을 고르고 조명의 명도를 선택하는 작은 디테일에 저자의 경영 철학을 느낄 수 있었다. 독서모임, 북토크와 음악 공연을 통해 작지만 깊은 대화들을 이끌어 내고 대화 속에 사람들 간 관계를 만들어 나가며 카페가 특별한 의미의 공간이 되어 가는 과정을 매우 흥미롭게 읽었다. 무엇보다 감동적인 건 저자의 섬세한 관찰력과 간결한 문장들이 독자의 마음에 조용히 스며든다는 점이다. 특별한 첫 일 년의 여정을 책으로 담아낸 저자에게 찬사를 보낸다. 북카페 창업을 꿈꾸는 분들께, 그리고 책을 사랑하는 모든 분들께 이 책을 권한다.

성균관대학교 미디어문화융합대학원 원장 정성은

프롤로그 | "카페가 아니라 '장소'를 만들고 싶었다"

커피를 팔고, 책을 진열하고, 테이블 몇 개를 놓는다고 해서 공간이 되는 건 아니었다. 나는 처음부터 '장소'를 만들고 싶었다. 누군가에게 특별한 기억이 생기는 곳, 다시 오고 싶은 이유가 만들어지는 곳. 그저 스쳐 가는 카페가 아니라, 머물고 싶은 이야기의 한 페이지가 되는 공간.

사람들은 종종 묻는다.

"왜 북카페였어요?"
"왜 이렇게 많은 걸 한 공간에 담으려고 했어요?"

그리고 종종 걱정처럼 말한다.

"지금 시대에 책으로 버티는 게 가능해요?"

내 대답은 언제나 같다.

"책 때문이 아니라, 사람들 때문이에요."

책은 사람을 부르고, 사람은 이야기를 만들고, 이야기는 다시 사람을 부른다. 그 순환을 가능하게 하는 부드러운 자극(nudge)이 되고 싶었다. 그래서 이름도 '넛지스북카페'라고 지었다. 그냥 커피 한 잔, 책 한 권이 아니라, 삶의 방향을 아주 조금만 바꿔 주는 힘. 살짝 등을 밀어주는 듯한 공간.

이 공간은 '내가 하고 싶은 일'을 보여 주는 무대가 아니라, '사람들이 원하는 삶'을 조용히 응원하는 무대가 되어야 했다.

처음 문을 열던 날, 가게 문을 닫고 혼자 울었다. 감격도 있었지만, 더 많은 건 두려움이었다.

"과연 이 공간이 살아남을 수 있을까?"
"내가 그리는 이상이, 현실에서도 가능할까?"

1년이 지난 지금, 나는 그 질문에 조심스레 답해 본다.

"살아남았고, 살아 있다. 그리고 지금도 살아가는 중이다."

넛지스북카페는 단지 커피와 책을 파는 공간이 아니다. 이곳은 누군가의 낯선 하루가 위로받는 자리였고, 처음 만난 사람들이 친구가 되는 장면이 연출되는 무대였으며, 어떤 이는 이곳에서 창업을 결심했고, 어떤 이는 이곳에서 처음 글을 썼다.

나는 지금도 매일 생각한다. 이 공간이 누군가에게 '머물렀던 장소'로 기억되기를. 누군가의 마음속에

"거기, 참 좋았지."

라고 남기를.

이 책은 그 이야기를 기록해 두려는 시도다. 넛지스북카페가 지나온 365일, 그리고 앞으로 이어질 더 많은 날들을 위해.

목차

추천의 글   4

프롤로그 | "카페가 아니라 '장소'를 만들고 싶었다"   5

시작하는 말   11

1장 처음, 아무것도 없던 그때

- 왜 나는 북카페를 꿈꿨는가   16
- 이름을 짓는다는 건 방향을 정하는 일이다   19
- 공간을 고른다는 건, 사람을 고르는 일이다   21
- 모호한 꿈에 구체를 부여한 순간에 대하여   24
- 자본 없이 시작하는 공간 기획   27
- 누구를 위한 공간인가?   34

2장 모든 게 무너질 것 같던 3개월

- 오픈빨은 생각보다 짧다   42
- 커피보다 사람이 문제였다   45
- 커피는 팔리지 않지만, 이야기는 팔린다   51
- 장소는 브랜드가 되고, 분위기는 메시지가 된다   56
- 적자 속에서도 놓지 않은 원칙   59

3장 책을 파는 공간, 이야기를 파는 공간

- 큐레이션은 철학이다   64
- 책 모임이 공간을 살린다   68
- 작가와 독자가 만나는 밤, 북토크   71

4장 강연, 공연, 그리고 관계의 확장

- 강연을 열면 손님이 달라진다   78
- 인디 공연과의 첫 협업, 그리고 넛지스 재즈밴드의 탄생   85
- "이런 곳이 있다는 게 감사해요"라는 말   90
- 공간이 커뮤니티가 되는 법   93

5장 월매출 3천만 원의 비밀

- 수익 구조를 다각화하는 법   100
- 공간 대여의 마법   111
- 멤버십은 단골을 만든다   117
- 카페보다 플랫폼으로 살아남기   123

6장 브랜딩은 결국 사람의 이야기다

- 감성보다 명확함이 먼저다   137
- SNS, 진짜 고객을 만나는 창   143

- 나를 드러내는 용기　　　　　　　　　　　　150
- 나의 서사가 브랜드가 되는 순간　　　　　　156

7장　위기의 순간들, 그리고 선택

- 조용한 계절, 매출 급감의 정면 돌파기　　　162
- 직원과의 갈등　　　　　　　　　　　　　　168
- 팀워크가 브랜드에 미치는 영향　　　　　　174
- 확장 vs 집중, 나는 무엇을 선택했나　　　　179
- 초심으로 돌아가다　　　　　　　　　　　　184

8장　이제는 플랫폼으로 확장한다

- 콘텐츠 IP로서의 공간　　　　　　　　　　　192
- 지역 기반 커뮤니티의 가능성　　　　　　　　199
- 책에서 굿즈, 클래스까지　　　　　　　　　　205
- 다음은 무엇을 열까?　　　　　　　　　　　　211

에필로그 | 이 공간은 결국 나의 성장 기록이었다　　217

시작하는 말

처음에는 그저 책을 좋아해서, 조용히 책을 읽을 수 있는 나만의 공간이 있으면 좋겠다는 마음이었다. 하지만 현실은 생각보다 차가웠다. 책 좋아서 북카페를 차렸다가 문을 닫는 사람들이 얼마나 많은지, 하루 매출이 5만 원도 안 되는 날이 한 달의 반 이상이라는 사실을, 카페 운영을 시작하고서야 뼈저리게 알게 되었다.

그렇게 몇 번의 포기와 다짐을 반복했다. 손님이 없을 때면 책장 앞에 앉아 '내가 뭘 놓치고 있는 걸까?'를 되뇌었다. 그러다 문득 깨달았다.

책만으로는 부족하다는 것을.
공간이 콘텐츠가 되어야 한다는 것을.
그리고 그 콘텐츠의 시작과 끝은 '사람'이라는 것을.

나는 카페 안에 작은 기획을 심었다. 하루 한 번씩 짧은 북토크를 열고, 공연을 기획하고, 작가와 독자가 만나는 강연회를 준비하고, 공간을 대관해 지역 커뮤니티와 연결했다. 손님이 아니라 '함께하는 사람들'

을 만들자고 결심했을 때, 매출도 관계도 조금씩 달라지기 시작했다.

이 책은 북카페를 창업한 한 사람의 기록이자, 동시에 동네 작은 공간이 살아남아 성장하기 위한 현실적인 매뉴얼이다.

'책 좋아서 카페 차렸다가 망한다'는 말을 너무도 많이 들었기에, 누군가는 이 이야기를 꼭 기록해 두어야 한다고 생각했다. 나의 시행착오와 작은 성공의 경험이, 어딘가에서 북카페를 꿈꾸는 누군가에게 용기와 실천의 씨앗이 되길 바란다.

1장

처음, 아무것도 없던 그때

"모든 시작은 어설프고, 조금은 외롭다."

내가 처음 이 공간을 그리기 시작한 건, 어느 조용한 평일 오후였다. 늘 가던 프랜차이즈 카페에서 혼자 책을 펼쳐 놓고 앉아 있었는데, 문득 이런 생각이 들었다.

"여기 말고, 내가 진짜 오래 머물고 싶은 공간은 어디일까?"

그 질문이 시작이었다. 나는 오랫동안 책을 좋아했고, 누군가와 이야기 나누는 것을 좋아했고, 때로는 혼자 조용히 글을 쓰는 시간을 소중히 여겼다. 그런 공간이 없었던 건 아니다. 다만, 내가 그리던 느낌과는 조금씩 달랐다.

어딘가 더 조용했으면 좋겠고, 음악은 너무 시끄럽지 않았으면 좋겠고, 테이블이 너무 촘촘하지 않았으면 좋겠고, 무엇보다, 거기에 있는 사람들이 서로를 존중했으면 좋겠다는.

나는 처음부터 '돈이 되는 공간'을 만들려고 한 것이 아니었다. 물론 수익은 중요했다. 하지만 그보다 더 중요했던 건, 내가 머물고 싶은 곳을 직접 만들어 보는 일, 그리고 그 공간에 나 같은 사람들이 머물 수 있게 하는 일이었다.

창업 초기 자본은 많지 않았다. 인테리어도 최소한으로, 책도 손에 꼽을 만큼만 갖췄다. 하지만 그 무엇보다 확실하게 준비한 것이 하나 있었다. 공간의 철학, 그리고 방향성. 책을 좋아하는 사람, 글을 쓰는 사람, 이야기를 나누고 싶은 사람들. 그들이 '이 공간은 나를 위한 곳이구나' 하고 느끼게 하고 싶었다.

넛지스북카페는 그렇게, 내가 가장 필요로 했던 공간을 스스로 만드는 마음으로 시작되었다.

왜 나는 북카페를 꿈꿨는가

"책을 사랑해서가 아니라, 사람을 믿고 싶었기 때문이었다."

'북카페 창업'이라는 단어는 누군가에게는 로망이고, 누군가에게는 리스크다. 내게는 그 둘 사이 어딘가에 있는 것이었다. 처음부터 이 일을 해야겠다고 마음먹었던 건 아니다. 오히려 오랫동안 나는 그저 내가 좋아하는 것을 오래 곁에 두는 방법을 고민하던 사람이었다.

매일 들르던 카페가 있었다. 거기는 조용한 음악이 흐르고, 창가 자리에 혼자 앉아 노트북을 펼친 사람들이 있었다. 그중 어떤 날, 옆자리에 앉은 여성이 조용히 책을 읽고 있었는데 그 책이 내가 얼마 전에 읽은 책과 같았다.

무심코 "그 책, 저도 정말 좋아해요"라고 말했더니 그녀는 놀라지 않고 미소 지으며 고개를 끄덕였다. 우리는 20분쯤 책 이야기를 나눴다. 그녀는 마지막에 말했다.

"요즘은 이렇게 누군가와 책 이야기를 할 수 있는 곳이 드물어요."

그 말이 가슴에 남았다. 맞다. 요즘은 어디서 누구랑 책 이야기를 할 수 있을까? 책 이야기 말고도, 생각 이야기, 삶에 대한 이야기, 진지하고 부드러운 대화가 가능한 공간은 점점 사라지고 있었다. 카페는 많지만, '이야기가 피어나는 장소'는 드물었다.

나는 그때부터 북카페를 떠올리기 시작했다. 하지만 책을 팔겠다는 욕심은 없었다. 대형서점도, 온라인서점도 잘하고 있는 시대니까. 내가 하고 싶었던 건, 책을 좋아하는 사람들끼리 조용히 머무를 수 있는 작은 공동체.

책은 단지 매개체였다. 커피는 손을 따뜻하게 해 주는 도구였고, 음악은 배경이자 리듬이었다. 진짜 중심에는 언제나 사람이 있었다.

사람들이 오고, 이야기를 나누고, 어쩌면 낯선 사람들과도 자연스럽게 연결될 수 있는 곳. 그래서 나는 이 공간의 이름을 '넛지스북카페'로 정했다. 작지만 의미 있는 자극, 삶의 방향을 아주 조금만 바꿔 주는 그런 힘을 가진 장소.

"지금 시대에 북카페가 돼요?"라는 말을 많이 들었다. 요즘 사람들은 짧은 영상에 익숙하고, 책을 끝까지 읽는 데 어려움을 느끼고, 카페에서는 빠른 회전율이 중요하다는 걸 모르는 바도 아니었다.

하지만 나는 믿었다. 사람은 결국, 연결되고 싶어 하는 존재라는 것을. 책은 그 연결을 가장 조용하고, 가장 진심으로 만들어 주는 매개라고 생각했다. 그리고 그런 연결이 피어나는 곳이야말로, 지속 가능한 공간이 될 수 있다고.

그래서 나는 북카페를 꿈꿨다.

책을 사랑해서가 아니라, 사람을 믿고 싶어서.

이름을 짓는다는 건
방향을 정하는 일이다

"넛지스북카페라는 여섯 글자에 담은 철학"

처음 공간을 구상할 때, 생각보다 가장 오래 걸린 일 중 하나가 이름을 짓는 것이었다. 상호명을 정하는 일은 단순히 예쁘고 기억에 남는 문구를 고르는 것이 아니었다. 그 공간이 지향하는 철학, 분위기, 에너지까지 담아야 하는 일. 이름은 간판이지만, 동시에 정체성 그 자체였다.

'넛지스(Nudges)'라는 단어는 내가 오랫동안 좋아해 온 개념에서 나왔다. 행동경제학에서 말하는 '넛지 효과(Nudge Effect)' — 강요하지 않지만 사람들의 행동을 바람직한 방향으로 유도하는 부드러운 개입. 이 개념이 내 공간에도 꼭 어울린다고 느꼈다.

내가 꿈꾼 북카페는 결코 거창하거나 자극적인 공간이 아니었다. 책을 억지로 권하거나, 창업이나 독서의 의지를 강요하는 곳이 아니라, 그저 조용히 머물러 있다 보면 무언가가 조금씩 움직이게 되는 공간. 그래서 '넛지스'라는 단어는 나와 너무 잘 맞았다.

'북카페'는 설명적인 단어지만 동시에 선언적인 단어이기도 했다. 커피만 팔겠다는 것도 아니고, 책만 보여 주겠다는 것도 아니었다. 책과 사람이 함께 숨 쉬는 공간, 그리고 머무름이 자연스러운 공간. 그래서 그 둘을 합쳐 '넛지스북카페'. 말 그대로, 부드러운 자극들이 모여 누군가의 삶의 방향을 살짝 바꿔주는 책 공간.

이름을 정하고 나서야 비로소 마음속 공간의 이미지가 뚜렷해졌다.

'이 공간은 어떤 성격을 가져야 할까?'
'여기에 오는 사람들은 어떤 표정을 짓게 될까?'
'내가 지켜야 할 분위기란 무엇일까?'

그 모든 질문이, 이름 하나로 정리되었다. 넛지스북카페는 카페가 아니었다. 하루의 흐름을 잠시 멈추고, 새로운 방향으로 살짝 고개를 돌리게 만드는 곳 내가 만들고 싶었던 건, 그런 공간이었다. 책은 곧 조용한 대화였고, 커피는 편안한 시작이었다. 그리고 이름은, 그 모든 것의 중심을 말없이 지켜 주는 첫 번째 문장이었다.

공간을 고른다는 건,
사람을 고르는 일이다

"핫플이 아닌 동네를 선택한 이유"

창업을 준비하면서 가장 많이 들은 조언 중 하나는 "핫한 곳에 자리를 잡아야 성공한다"는 말이었다. 강남, 홍대, 성수처럼 유동 인구가 많고 감도가 높은 지역에서 시작해야 '감각 있는 카페'로 주목받는다는 이야기. 실제로 창업 멘토링을 받을 때도, 처음 가는 프랜차이즈 계약 상담에서도 그 얘기를 빠지지 않고 들었다.

하지만 나는 그 방향이 내 공간에는 맞지 않는다고 생각했다. 내가 만들고 싶은 건 '화제의 공간'이 아니라 '일상의 공간'이었기 때문이다.

그래서 선택한 곳이 서울 답십리동 촬영소 사거리, 정확히는 과거 영화 촬영소가 있던 터 근처였다. 지금은 그 흔적이 많이 사라졌지만, 길 이름과 골목의 배치, 그리고 아주 오래된 간판들 속에서 이곳의 과거를 느낄 수 있었다.

공간을 찾아다니던 어느 날, 그 사거리 모퉁이에 있는 건물을 처음 보았을 때 이상하게 마음이 끌렸다. 햇살이 잘 들고, 바로 앞에 초등학교가 있었고, 맞은편에는 동대문체육관과 영화미디어아트센터가 조용히 자리를 지키고 있었다.

평일 오후에는 유치원생 손을 잡은 엄마들이 산책을 하고, 저녁이면 인근의 학생들이 떡볶이를 먹으며 지나가는 풍경.
그 속도감이 너무 좋았다.

나는 확신했다. 이곳이라면 사람들이 천천히 걷는다. 천천히 걷는 사람은, 책을 읽을 준비가 된 사람이다.

또한, 이 지역에는 아직 형성되지 않은 '문화 커뮤니티의 여백'이 있었다. 영화라는 예술의 과거가 스쳐 간 자리, 그러나 지금은 아이들과 가족, 청년과 중년이 자연스럽게 섞여 사는 동네. 어디에도 속하지 않아서 더 유연한 그런 분위기. 나는 그 '정돈되지 않은 여백'을 정말 좋아했다.

물론 상권 데이터로 보면 부족한 게 많았다. 유동 인구 숫자도, 월평균 결제 금액도, 주요 상권 범주에도 속하지 않았다.

하지만 나는 그 거리에서 마주친 사람들의 표정을 봤다. 어딘가 여유가 있고, 조용한 공간이 있다면 들를 준비가 되어 있는 사람들.

그건 숫자로는 설명되지 않는, 감각적인 신뢰였다. '여기라면, 충분히 우리 공간을 좋아해 줄 사람들이 있다'는 믿음. 나중에 실제로 넛지스북카페를 오픈하고 나서 내가 봤던 그 '느낌'은 틀리지 않았다는 걸 확인했다. 책 모임을 하러 오는 사람들, 혼자 와서 글을 쓰는 사람들, 초등학생 자녀를 둔 부모님, 가까운 미디어아트센터에서 일하는 예술인들까지.

"이 동네에 이런 곳이 생겨서 너무 좋아요."라는 말을 들을 때마다, 핫플이 아닌 동네를 고른 내 선택이 틀리지 않았다고 생각했다.

공간을 고른다는 건 결국, 어떤 사람들과 시간을 보내고 싶은지를 고르는 일이다. 나는 느긋하고, 조용하고, 내면을 향해 있는 사람들과 연결되고 싶었다. 그리고 그 사람들은, 서울 답십리동의 오래된 사거리 어딘가에서 이미 조용히, 나를 기다리고 있었다.

모호한 꿈에
구체를 부여한 순간에 대하여

"꿈은 흐릿하게 시작되고, 행동은 뜻밖의 디테일에서 시작된다."

처음에 나는 '북카페를 하고 싶다'는 말을 잘 꺼내지 못했다. 말하는 순간부터 너무 막연했고, 말하는 나조차 확신이 없었기 때문이다. 그저 '책과 사람이 연결되는 공간', '말없이 머물러도 어색하지 않은 장소' 정도의 이미지만 있었다.

그 무렵 나는 노트 한 권을 들고 다녔다. 마음에 드는 카페를 가면 그곳의 가구 배치, 조명의 색감, 음악의 소리 크기를 적었고, 좋은 책을 읽으면 '이 책을 읽은 사람은 어떤 공간을 좋아할까?' 같은 상상을 했다. 하지만 여전히 그것은 꿈이라기보다 감각의 스크랩에 가까웠다.

어느 날, 친구가 내게 물었다.

"그럼 네가 원하는 공간은 어디쯤 있어? 한 줄로 설명하면 뭐야?" 나는 한참을 망설이다가 이렇게 말했다.
"딱히 목적 없이도 찾아와도 되는, 그런 공간."

그 말을 내뱉은 순간, 이 꿈을 구체화할 수 있겠다는 이상한 확신이 들었다. 그전까지는 '어떤 기능을 할 것인가'만 생각했지만, 그 순간부터는 '어떤 느낌을 줄 것인가'에 초점을 맞추게 되었다.

그게 바로 '공간의 콘셉트'를 정한 순간이었다. 책이 많아야 한다, 커피가 맛있어야 한다, 이런 기능적 요소를 넘어서 사람들이 이 공간을 어떻게 경험할 것인가를 처음으로 진지하게 고민한 것이다.

그 후로는 오히려 일이 빠르게 진행됐다. 직접 경험했던 공간들을 다시 정리하고, 좋았던 부분과 불편했던 부분을 나누어 체크리스트로 만들었다. 벽지는 흰색일까, 따뜻한 톤일까. 의자는 딱딱한 게 좋을까, 쿠션이 있는 게 좋을까. 책은 어떻게 배치할까. 그리고 어느 위치에 있을 때 사람들이 들어와 앉고 싶을까.

그렇게 하나하나 상상을 현실로 끌어내는 작업을 하면서, '공간을 만든다'는 행위는 사실 매우 현실적이고 구체적인 일이라는 걸 체감했다. 처음에는 그냥, '책 좋아하는 사람들이 모이는 공간'이면 좋겠다고 생각했지만 그 안에는 상상 이상의 질문과 선택들이 숨어 있었다. 책장을 얼마나 높게 할 것인지, 콘센트를 어디에 둘 것인지, 심지어 화장실 문이 너무 무거우면 사람들이 오래 머무르지 않을 수 있다는 사실까지도.

모호했던 꿈이 구체가 되는 순간이란 결국, 머릿속에서 흐릿하게 떠다니던 장면이 '결정'이라는 행위를 통해 하나하나 세상에 등장하는 과정이었다.

그 첫 문을 연 것은, 친구의 "한 줄로 말하면 뭐야?"라는 질문이었고, 그에 대한 내 대답이었다. 그리고 그 한 줄의 말은, 오늘도 이 공간의 가장 바탕에 남아 있다.

"딱히 목적 없이도 찾아와도 되는, 그런 공간."

그것이 넛지스북카페의 시작이었고, 지금도 지켜야 할 중심이다.

자본 없이 시작하는 공간 기획

"돈이 없었기에, 진짜 필요한 걸 먼저 보게 되었다."

나는 이 공간을 자본 없이 시작했다. 정확히 말하면, 자본이 '거의' 없었다. 통장 잔고를 여러 번 확인했고, 숫자는 늘 예상보다 작았다. 그럼에도 불구하고, 나는 공간을 만들기로 마음먹었다. 자본이 없는 상태에서 가장 먼저 마주한 건 '포기'가 아니라 무엇이 진짜 필요한가를 구분하는 감각이었다.

1. 내 공간의 '핵심 기능'이 뭔지부터 정했다

돈이 없으면 인테리어부터 장비까지 모든 게 제한적이기 때문에 우선순위를 정하지 않으면 금방 무너진다. 나는 내 공간이 '머물고 싶은 곳'이 되길 원했기 때문에, 첫 줄에 이렇게 적었다.

   1순위: 의자, 책, 조명, 조용한 음악
   2순위: 커피머신, 작은 간식, 간판
   3순위: 화려한 인테리어, 디스플레이, 비싼 장비

이 리스트를 기준으로 "1순위만 갖춰도 공간은 시작할 수 있다"고 스스로를 설득했다. 멋진 원목 책장이 없어도, 책만 있다면 분위기를 만들 수 있었다. 시중에 나오는 고급 카페 의자가 아니어도, 등받이가 편하고 안정적인 중고 의자면 충분했다.

2. '있으면 좋은 것'이 아니라 '없으면 안 되는 것'만 골랐다

공간을 기획할 때 자주 하는 실수는 멋진 이미지에 맞춰 사야 할 것들을 늘려 가는 것이다. 나는 그 반대로 했다. '이건 없어도 된다'는 것들을 하나씩 지워 가는 방식으로 리스트를 줄여 나갔다. 처음엔 커피머신을 새로 사려다, 중고 에스프레소 머신을 리스했다. 책장은 버려진 사무실 가구를 리폼해서 썼다. 간판은 온라인 주문으로 저렴하게 제작했다. 인테리어는 직접 페인트칠하고, 조명은 중고시장에서 구했다. 이 모든 선택의 기준은 단 하나였다.

"이걸 하지 않으면, 사람들이 머무르지 않을까?"

그 질문에 "아니, 그래도 괜찮아"라고 답할 수 있으면 과감히 뺐다.

3. 관계 자본을 활용했다: "내가 가진 자본은 사람"

현금은 부족했지만, 사람은 있었다. 나의 콘텐츠를 응원하던 사람들, 독서모임에서 인연을 맺은 사람들, 창업을 응원하던 지인들. 페인트칠을 도와준 친구, 초기 책을 기증해 준 독서모임 멤버들, 개업 이벤트에 와 준 지인들. 그들이 단 하루씩만 도움을 줘도, 공간은 하나씩 완성되었다.

SNS에 한 장씩 올라가는 사진이 "이 공간이 곧 열린다"는 신호가 되었고, 그 신호를 알아본 사람들은 소리 없이 이 공간에 기대를 보내왔다.

자본보다 중요한 건 사람들이 '이 공간이 열리길 원하게 만드는 마음'이었다. 그리고 그 마음은 돈으로는 살 수 없는 것이었다.

4. '완성된 공간'이 아니라 '열려 있는 공간'을 꿈꿨다

자본이 넉넉했다면 모든 걸 완벽하게 갖춘 후 문을 열었을지도 모른다. 하지만 나는 비워 둔 채로 시작했다. 모든 게 완성되지 않았다는 걸 솔직하게 알렸고, 그래서 오히려 많은 사람들이 공간의 성장 과정을 함께해 주었다. 처음엔 빈 벽이었지만, 손님들이 직접 써 준 글귀로 채워졌다. 책장이 텅 비어 있었지만, 한 권씩 기증해 주는 책으로 자리를 채웠다. 공간이 커지기보다, 이야기가 쌓여 갔다.

5. 돈보다 간절함이 먼저일 때,

그 간절함은 다른 사람들의 마음도 움직인다. 넛지스북카페는 자본 없이 시작했지만, 그렇기 때문에 오히려 더 많은 사람과 연결될 수 있었다. 무언가를 완벽하게 '갖추는 것'보다 지금 할 수 있는 것으로 '열어 두는 것'이 중요하다는 걸 배웠다. 돈이 없었기에 나는 공간의 본질을 볼 수 있었고, 정말 필요한 것에 집중할 수 있었고, 결국 '머무는 사람' 중심의 공간을 만들 수 있었다.

0원 마케팅, 사람의 마음이 가장 큰 홍보였다

"진심은 전염된다. 마음은 마음을 불러온다."

초기에는 마케팅 예산이 전혀 없었다. 정확히 말하면, 커피콩을 사고 나면 마케팅은 꿈도 못 꿀 수준이었다. 광고비를 들일 여유가 없었기 때문에, 나는 '내가 할 수 있는 홍보'만 생각해야 했다. 그런데 돌이켜 보면, 그게 오히려 다행이었다. 돈 대신 쓴 건 '마음'과 '경험'이었다.

① 첫 손님은 '고객'이 아니라 '손님'이었다

처음 문을 열고 손님이 한 명도 없는 날이 며칠이나 이어졌다. 그러다 우연히 동네 주민 한 분이 들어왔다. 그분에게 나는 마치 가족을 맞이하듯 인사하고, 따뜻한 차 한 잔을 건넸다. 책을 좋아한다고 해서서 좋아하시는 작가에 대해 이야기했고, 다 읽은 책은 기증도 받았다. 그분은 며칠 뒤, 친구를 데리고 다시 왔다. 그리고 그 친구는 그다음 주에 딸과 함께 왔다. 어떤 홍보보다 강력했던 건 "이 공간이 좋았어"라는 그 한마디였다. 그 후 나는 늘 생각했다.

이 공간의 첫 마케팅 채널은 사람이었고, 이야기였다.

②"SNS 대신 손 편지"

모두가 인스타그램으로 소통할 때, 나는 정반대의 방식으로 시작했다. 손님이 놓고 간 책갈피에 '다시 와 주셔서 고맙다'는 쪽지를 적었고, 독서모임 참여자에게는 직접 쓴 감사 엽서를 보냈다. 그 손 편지를 받은 분들은 사진을 찍어 인스타그램에 올렸고, 그걸 본 친구들이 "나도 가 볼래"라고 말해 주었다. SNS 바이럴은 내가 만든 것이 아니었다. 마음을 움직인 경험이 자연스레 콘텐츠가 되었다. 0원의 비용으로, 진심은 가장 강한 마케팅 채널을 만들었다.

③"행사보다는, 이야기"

처음엔 이벤트도 할 수 없었다. 굿즈도 없고, 협찬도 없고, 후원도 없었기 때문이다. 그 대신 나는, 사람들의 이야기 자체가 이벤트가 되도록 기획했다. 책을 기증한 사람의 이름을 책장에 남겼다. 첫 방문 손님에게는 그날 읽은 책 제목을 작은 카드에 적어 줬다. 아이와 함께 온 부모에게는 아이가 앉았던 자리 사진을 보내 드렸다. 그 모든 건 작은 정성이었지만, 강한 기억으로 남았다. 사람들은 그 기억을 다른 사람에게 이야기했고, 그 이야기들이 이 공간의 마케팅이었다.

④"우리 동네에서 제일 정이 가는 공간"이 되는 것이 목표였다

나는 이 공간이 '요즘 핫한 카페'가 아니라 '우리 동네에서 제일 따뜻한 공간'이 되길 바랐다. 그래서 광고 대신 매일 아침 문을 열기 전에

근처 초등학교 앞에서 인사를 나누었고, 동네 어르신께는 따뜻한 물만으로도 머무를 수 있는 자리를 마련해 드렸다. 그런 마음이 쌓이고, 전해지고, 돌아왔다. "여기 그런 공간이더라"는 말은 검색보다, 해시태그보다 훨씬 멀리 갔다.

진심은 비용이 들지 않지만, 가장 비싼 마케팅 효과를 낸다

한 달, 두 달이 지나자, 손님이 손님을 데려오기 시작했다. 좋은 인테리어가 없었고, 유명한 메뉴도 없었지만 좋은 기억을 주는 공간은 사람을 부른다는 걸 몸으로 배웠다. 0원 마케팅은 사실 마케팅이 아니었다. 그건 단지 내가 이 공간을 어떻게 대하는지를 보여 주는 방식이었고, 사람들이 그걸 알아보고, 마음을 열어 준 것뿐이었다.

지금도 나는 생각한다. 내 공간의 가장 강력한 홍보는 누군가의 입에서 나오는 한마디였다.

"여기, 마음이 참 편안해."

그 한마디는 어떤 광고보다 멀리 간다. 그리고 그건, 0원이 아니라 '정성'으로 만드는 결과다.

누구를 위한 공간인가?

"모두를 위한 공간이 되기보다, 어떤 이에게는 아주 특별한 공간이 되고 싶었다."

공간을 만들기 전, 나는 오랫동안 이 질문을 붙들고 있었다. "이 공간은 누구를 위한 것인가?" 카페를 차리겠다고 하면 많은 사람이 말한다. "요즘은 MZ세대 겨냥해야 해." "사진 찍기 좋은 포인트 만들어야 해." "커피 맛은 기본이고, 인스타 감성 있어야 하지." 하지만 나는 그 어떤 말보다 더 조용한 질문 하나를 품고 있었다.

"이 동네에서, 혹은 이 시대에서, 어딘가에 소속되지 못한 사람들은 어디로 가는 걸까?"

1. 혼자여도 환대받는 공간을 만들고 싶었다

나는 '함께'라는 단어의 힘을 믿는다. 그렇지만, 어떤 날은 사람들 속에 섞이고 싶지 않을 때가 있다. 조용히 책 한 권 읽고, 누구에게도 말 걸지 않아도 존중받고 있다는 기분이 드는 장소. 넛지스북카페는 혼자 있는 사람을 위한 공간이다. 그게 내가 처음 구상한 공간의 출발점이었다. 소외되지 않고, 부대끼지 않고, 그저 '조용히 있어도 되는 권리'를 누릴 수 있는 장소.

그래서 우리는 혼자 앉기 편한 좌석을 늘렸고 큰 소리로 떠드는 분위기보다는 잔잔한 음악을 택했고 묻지도 따지지도 않고, 책 한 권에 오래 머물 수 있게 했다. 그 사람들은 말을 하지 않아도 이 공간에 마음을 놓았다. 그리고 나는 그게 이 공간이 가진 가장 큰 가치라고 믿는다.

2. 동네 주민을 위한, 낯익지만 새로운 공간

대부분의 트렌디한 공간은 젊은 사람들이 찾아오는 '목적지'가 되길 원한다. 나는 반대로, 일상 위에 자연스럽게 얹히는 공간을 꿈꿨다.

서울 답십리동, 촬영소 사거리. 핫플은 아니다. 하지만 이곳엔 아이들 손을 잡은 엄마가 있고, 버스에서 일 마치고 집으로 가는 직장인이 있고, 산책하는 노부부가 있는, 생활의 시간이 흐르는 동네다.

이 공간은 그들의 리듬과 어울리는 장소가 되고 싶었다. 초등학교가 끝나는 시간엔 아이들을 위한 그림책 테이블을 열었고 낮엔 노년층 손님들을 위한 따뜻한 차와 클래식 음악을 틀었고 퇴근 후엔 조용히 하루를 마무리할 수 있는 책과 커피를 준비했다. 나는 '동네에 필요한 공간'이 되고 싶었다. 누구에게나 열려 있지만, 특히 늘 가까이 있었지만 환대받지 못했던 사람들을 위해.

3. 관계에 지친 사람들을 위한 비침투형 공간

우리는 너무 많은 관계 속에 산다. 회사에서, 가족 안에서, SNS에서도. 그래서 어떤 사람은 더 이상 '어디에도 기대고 싶지 않을' 만큼 지쳐있다. 넛지스북카페는 그런 사람에게 '아무것도 요구하지 않는 공간'이 되기를 바랐다. 주문을 강요하지 않는다 오래 머문다고 부담을 주지 않는다 말 걸지 않아도 된다. 이 공간에서 당신 존재만으로 충분한 사람이다. 그리고 그런 장소는 자기 마음을 회복하는 데, 생각보다 큰 힘이 된다.

4. 모두가 아닌, 정확히 닿을 수 있는 누군가를 위한 공간

나는 모든 사람에게 인기 있는 공간이 되고 싶지 않다. 그보다는, "여기, 내 마음 알아 주는 데 같아."라는 말을 듣는 공간이고 싶다. 그리고 실제로 그런 분들이 찾아왔다.

직장을 그만두고 다시 공부를 시작한 40대
육아에 지친 엄마가 혼자서 잠시 머물 수 있는 낮 시간
동네 어르신이 신문 대신 조용히 읽는 소설책
20대 청년이 작가가 되고 싶다며 꺼낸 이야기

이 공간은 그들을 위한 것이었다. 이 공간은, 지금도 그들로 인해 살아 있다. 당신은 이 공간의 대상이다. 이 글을 읽고 있는 당신이 잠시 머물 공간을 찾고 있었다면, 어딘가에 소속되지 못한 채 마음 둘 곳을 고민하고 있었다면, 이 공간은 당신을 위한 것이다.

넛지스북카페는 누구나를 위한 공간이 아니라, 당신에게 정말 필요했던 공간이고 싶다.

"넛지스북카페는 누구를 위한 공간인가요?"

나는 이 질문을 참 많이 받았다. 처음엔 대답이 어려웠다. 커피를 마시러 오는 사람도 있었고, 책을 읽으러 오는 사람, 공연을 보러 오는 사람도 있었기 때문이다. 그런데 시간이 지날수록 하나의 공통점을 발견하게 되었다. 이 공간을 찾는 사람들은 모두 '혼자가 아니고 싶어서' 온 사람들이었다.

낮에는 엄마들이 아기를 안고 와 커피 한 잔의 여유를 나눴고, 오후엔 인근 초등학교 앞에서 수업을 마친 아이들이 빵을 사 먹으며 나의 얼굴을 기억해 주었다. 저녁에는 하루 종일 지친 직장인들이 모였다. 그들은 책을 들고 왔지만, 책보다는 서로의 이야기에 더 집중했다. '읽기'보다 '함께'가 중요한 모임이었다.

매주 토요일 저녁이면 카페는 또 다른 모습으로 변했다. 피아노 앞에 조명이 켜지고, 와인을 한 잔씩 손에 든 사람들이 모였다. 재즈, 클래식, 때로는 포크송이 울려 퍼졌고, 음악이 끝난 뒤엔 다 함께 이야기꽃을 피웠다. 우리는 모두 그날의 공연을 기다렸고, 각자의 마음을 건네며 친구가 되었다.

오전에는 자유 독서모임을 열었다. 출근 전 시간을 쪼개어 온 사람들, 육아 중 틈을 낸 이들, 은퇴 후 새로운 삶을 꿈꾸는 분들이 함께했다. 책 한 권이 삶의 매듭을 열고, 그 매듭을 서로 조심히 바라봐 주는 시간이기도 했다.

 이 공간은 그 어떤 대상 하나만을 위해 만들어진 것이 아니다. 그러나 분명히 말할 수 있는 건 있다. 이곳은, 외롭지 않기 위해 애쓰는 모든 이들을 위한 장소라는 것. 따뜻한 조명 아래서 책을 들고 얼굴을 가린 그들, 처음 와서 아무 말 없이 앉아 있던 그들, 음악을 듣고 눈물 흘리던 그들. 그들이 모여 '공간'을 만들었다.

 그래서 나는 넛지스를 단지 카페라고 말하지 않는다.
 이곳은 '우리가 서로를 만나는 방법'이다.

2장

모든 게
무너질 것 같던 3개월

오픈빨은 생각보다 짧다
– '처음'이 주는 착각과 그 이후의 진짜 시작

가게를 오픈한 첫 주, 넛지스북카페의 테이블은 꽤 그럴듯하게 채워져 있었다. 지인들이 꽃을 들고 찾아왔고, SNS를 통해 소문을 들은 사람들이 커피를 마시러 왔다. '사진이 너무 예뻐서 왔어요'라는 말도 자주 들었다. 첫 일주일 동안 나는 내가 무언가 대단한 걸 해낸 것처럼 느꼈다. 하지만 그건 '오픈빨'이었다.

둘째 주가 되자 손님 수가 눈에 띄게 줄었다. 셋째 주에는 하루 매출이 만 원도 안 되는 날이 생겼고, 넷째 주에는 커피를 다 버리고 문을 일찍 닫은 날도 있었다. 나는 불안해졌다. "나 잘못한 걸까?" "컨셉이 틀렸나?" "이 자리가 안 좋은 건가?" 머릿속엔 물음표만 가득했고, 자꾸만 스마트폰의 배달앱 창을 들여다보게 되었다. 나도 파스타나 빵 같은 걸 팔아야 하나? 갑자기 정체성의 중심이 흔들렸다.

하지만 시간이 지나면서 깨달았다. 오픈은 시작이 아니라, 관찰의 시간이다.

내가 만든 공간이 사람들에게 어떻게 보이고, 어떤 사람들이 머물다 가는지를 관찰하는 시간. '오픈빨'이 주는 착시를 벗어나, 진짜 고객을 만나는 과정이었다. 그 과정을 지나야 비로소 '내 공간의 톤앤매너'가 보인다.

나는 그때부터 오히려 조용한 순간에 집중했다. 손님이 없는 시간엔 벽에 책을 다시 꽂고, 메뉴판 문구를 바꾸고, 테이블 조명을 한 번 더 조정했다. 그리고 매일 한 장씩, 책과 공간을 찍어 인스타그램에 올렸다. 단 한 사람만 보더라도, 그 사람에게 닿을 수 있도록.

시간이 지나면서 조금씩 '찾아오는 이유'가 생겼다.

"여긴 음악이 좋아요."
"책 큐레이션이 다르네요."
"그냥… 혼자 와도 편해요."

그게 내가 만든 공간이 사람들에게 주는 진짜 가치였다.

오픈빨은 정말 생각보다 짧다. 그래서 더더욱, 그 이후가 중요하다. 오픈 이후에 무엇을 '꾸준히' 하고 있는가? 그게 결국 공간을 브랜드로 만든다.

커피보다 사람이 문제였다
- 첫 고객, 단골, 그리고 팬으로 변한 사람들의 이야기

넛지스북카페를 처음 오픈할 때, 나는 커피 맛에 자신이 없었다. 직접 로스팅을 하는 것도 아니고, 유명 바리스타를 영입한 것도 아니었다. 물론 원두는 꽤 공들여 고르고, 물 온도와 추출 타이밍도 신경 써서 배웠지만, 솔직히 '이 동네 최고 맛집'이라는 타이틀을 기대하진 않았다. 그런데 놀랍게도, 손님들은 커피 이야기를 거의 하지 않았다. 그들이 남긴 건 이런 말이었다.

"사장님, 책 추천 너무 좋아요."
"그날 얘기한 거, 집에 와서 곱씹게 됐어요."
"여기 오면 이상하게 속이 정리돼요."

커피는, 그냥 매개였을 뿐이었다.
진짜는 사람이었다.

첫 고객

오픈 첫 주, 작은 가방을 메고 혼자 들어온 한 남자가 있었다. 말수도 적었고, 책만 뚫어지게 읽고 갔다. 계산할 때도 조용히 머리를 숙이고 나갔다. 그가 다시 온 건 일주일 뒤였다. 똑같은 자리에 앉고, 똑같이 조용했다. 세 번째에 그가 말했다.

"이런 곳이 필요했어요. 그냥 조용히 있을 수 있는 데."

그때 처음 알았다. 조용한 공간도, 누군가에겐 절실한 피난처가 된다는 것을.

단골이 된 사람들

어느 날, 회사에서 퇴근한 듯한 복장의 여성이 찾아왔다. 벽 쪽 자리에 앉아 조심스레 노트북을 폈고, 커피 한 잔으로 두 시간을 버텼다. 그녀는 다음 주, 다시 왔다. 그리고 또다시.

서로 몇 마디 인사를 나누게 되었고, 나는 무심한 척 그녀의 패턴을 익혔다. 매주 수요일, 퇴근 후 7시 30분. 그녀는 늘 같은 커피를 주문했다. 어느 날 그녀가 내게 말했다.

"사실 여기가 없었으면, 이번 프로젝트 못 버텼을 거예요."

그녀는 어느새 '단골'이 아니라 삶의 리듬 안에 내 공간을 넣은 사람이 되어 있었다.

팬으로 변한 사람들

한 독서모임에서 만난 참여자 중, 인스타그램에 늘 내 공간을 태그해서 글을 올리던 사람이 있었다. 처음엔 고마운 마음으로 좋아요만 눌렀다. 그런데 어느 날 그는 자신의 친구 셋을 데려와 내 공간을 소개했고, 또 그 친구들이 각각 다시 지인을 데려왔다. 그는 말했다.

"이 공간이 진짜 좋아서 그래요. 여긴 사람 냄새가 나요."

그는 손님이 아니라, 이 공간의 '이야기 전도자'가 되어 있었다. 자신의 언어로 공간을 해석하고, 확산시키는 힘을 가진 사람. 나는 그가 내 브랜드의 팬이라는 걸 뒤늦게야 깨달았다.

커피 맛은 비슷할 수 있다. 인테리어도 언젠간 익숙해진다. 하지만 사람이 남기고 간 이야기, 공간과 얽힌 감정은 절대 잊히지 않는다. 사람이 단골이 되는 이유는 커피가 아니라, 공감이었다. 사람이 팬이 되는 이유는 음료가 아니라, 연결감이었다. 이제 나는 안다. 공간의 성공은, 사람이 머무르고 싶은 이유를 발견해 주는 데서 시작된다는 것을.

고객 인터뷰

인터뷰 ①
이름: 김보라 (가명)
직업: 광고회사 AE
방문 시기: 2024년 8월부터 매주 수요일 저녁

"사실 처음엔 그냥 노트북으로 급하게 PPT 수정할 수 있는 조용한 카페를 찾고 있었어요. 그런데 조명이 너무 따뜻하고, 아무도 눈치 주지 않아서 처음으로 '여기선 나를 조금 회복해도 되겠다'는 생각이 들었어요. 사장님이 먼저 말을 걸어 주진 않았지만, 커피 내리는 모습이 참 다정하다고 느꼈고요. 지금은 여기 안 오면 수요일이 끝난 것 같지가 않아요."

인터뷰 ②
이름: 정재훈 (가명)
직업: 중학교 국어 교사
방문 시기: 2024년 독서모임 참석 계기로 첫 방문

"학교에서 아이들을 가르치다 보면, 내 말이 어디까지 닿는지 모를 때가 많아요. 그런데 여기선 책 한 권으로 서로 생각을 나누고, 다른 사람 이야기를 조용히 듣는 시간이 있잖아요. 그게 제게는 굉장히 큰 위로였어요. 북카페지만, 저는 여길 '내가 말이 아닌 마음으로 대화할 수 있는 곳'이라고 생각해요."

짧은 에피소드 3편

① "그날, 조용히 울고 간 손님"

비가 많이 오던 여름 저녁이었다.

작은 우산을 접으며 들어온 젊은 여성이 말없이 자리에 앉았다. 따뜻한 홍차 한 잔을 주문하고는 아무 말 없이 눈물을 흘렸다. 나는 아무 말도 하지 않았다. 다만 조용히, 물티슈 한 장과 작은 메모지를 건넸다. 그녀는 거기에 이렇게 적었다. "울 수 있게 해 줘서 고마워요. 괜찮다고 말 안 해 줘서 더 고마워요." 그 후 그녀는 종종 찾아와 책을 읽고, 때로는 아무 말 없이 앉아 있다 간다.

② "책에서 시작된 인연"

책 모임에서 '우리는 왜 책을 읽는가'를 주제로 대화를 나누던 중, 두 사람이 동시에 같은 문장을 소리 내어 읽었다.

"우리의 외로움이 서로를 알아보게 한다."

순간 공간 안이 멈춘 것 같았다. 그 둘은 이후 둘만의 독서모임을 만들었고, 지금은 넛지스의 또 다른 자원활동가로 함께하고 있다. 책은 결국 사람을 연결시킨다. 그걸 지켜보는 것만으로도 이 공간은 존재의 이유가 충분하다.

③ "이곳은 나를 소개해도 괜찮은 곳"

어느 토요일 공연 날, 한 남성이 조용히 다가와 말했다.

"제가 시를 씁니다. 여긴 제 글을 처음으로 읽어 보고 싶다는 마음이 드는 곳이에요." 그날 이후 그는 자신의 시집을 놓고 갔고, 나는 진열대 한 켠에 조심스레 세워 두었다. 몇 주 뒤, 다른 손님이 그 시집을 꺼내 읽고 있었다. "이 시, 처음인데 왠지 내 이야기 같네요." 작가는 말없이 미소 지었다. 누군가에게 자기를 소개해도 괜찮은 공간. 그게 넛지스가 되고 싶은 모습이었다.

커피는 팔리지 않지만, 이야기는 팔린다

처음엔 나도 믿었다. 좋은 원두, 안정적인 머신, 정제된 레시피, 그리고 예쁜 컵. 그것들이 커피를 '팔리게' 할 거라고.

하지만 현실은 달랐다. 커피는 쉽게 팔리지 않았다. 요즘 시대엔 '맛있는 커피'는 너무 많다. 누구나 어디서든 에스프레소를 내릴 수 있고, 라떼 아트를 배울 수 있다. '맛'만으로는 경쟁이 되지 않았다.

그런데, 이상한 일이 벌어졌다. 커피는 팔리지 않는데, 어느 순간부터 커피를 핑계 삼아 사람들이 이야기를 사 가기 시작했다.

어느 날 저녁, 한 손님이 조용히 말문을 열었다. "사실 여기, 인스타그램에서 보긴 했는데… 커피보다 사장님이 쓴 글 때문에 왔어요." 그가 말한 건 내가 올렸던 짧은 글귀 한 편이었다. '당신의 하루에 작은 넛지 하나 그게 우리 공간의 존재 이유입니다.' 그 문장이 그에겐 위로였단다.

그다음부터 나는 알았다. 이 공간이 팔아야 할 건 단지 커피가 아니라, 기억에 남는 경험과 진심 어린 문장들이라는 것을. 커피 한 잔이 아니라, 이야기를 담은 잔.

한 손님은 매주 같은 커피를 주문한다. "아이스 아메리카노요. 샷 두 개요." 하지만 매번 다르게 앉고, 다른 책을 꺼낸다. 어떤 날은 피곤한 표정으로, 어떤 날은 홀가분한 미소로.

그에게 아이스 아메리카노는 단순한 음료가 아니라, 하루를 버텨낸 스스로에게 주는 작은 의식처럼 보였다. 그의 '의식'을 기억하고, 말없이 진한 농도로 내어 드리는 것. 그게 이 공간이 '판매'하는 진짜 가치였다.

책, 음악, 말, 그리고 사람

우리는 종종 이렇게 말했다. "오늘은 책을 팔았다." "오늘은 음악이 팔렸고, 진심이 팔렸지." 북토크가 끝난 어느 날, 참여자 한 분이 내게 말했다. "사장님, 이거 거의 감정 카페 아니에요? 여기선 커피보다 마음이 팔리니까." 그 말이 참 좋았다. 누군가의 마음속에 들어갈 수 있는 공간이라면, 그것만으로도 존재 이유는 충분하니까.

커피는 잊혀도, 이야기는 남는다

한 고객은 떠나기 전 이런 메모를 남겼다.

"여기서 들은 이야기 하나가 제 인생 방향을 바꿨어요. 커피 맛은 기억 안 나요. 근데 이 공간은 평생 기억날 것 같아요." 커피 맛은 언젠가 사라진다. 하지만 그 커피를 마시며 들었던 말 한마디, 받았던 눈빛 하나, 함께 웃었던 책 속의 문장 하나는 오래도록 남는다. 그걸 기억한다면, 이 공간은 절대 쉽게 사라지지 않는다. 그래서 나는 메뉴판 대신 '공간의 분위기'를 준비했다. 팔리는 공간보다, 기억되는 공간을 위해. 메뉴판을 만들기 전에 나는, 먼저 조도를 고민했다. 어느 시간대엔 햇빛이 너무 강했고, 오후 4시 이후엔 그림자가 테이블에 길게 드리웠다. 그림자마저도 따뜻하게 보이게 하기 위해 조명의 톤을 낮췄다. 따뜻한 전구색이 책장을 비추고, 손님 얼굴에 부드럽게 닿도록.

'무엇을 마실 수 있는지'보다, '어떤 기분으로 마시게 될지'가 더 중요하다고 믿었다. 그래서 나는 메뉴판보다 먼저, 음악 리스트를 만들었고 커피보다 먼저, 가게 문을 여는 시간대의 공기를 정리했다. 손님이 문을 열고 들어와 한숨을 쉬는 순간, 그 숨소리에 어울리는 배경이 이곳에 흐르길 바랐다.

'공간'이 기억되는 순간은 아주 사소하게 시작된다

내가 가장 좋아하는 시간은 오전 10시 반. 그 시간엔 누구도 아직 바쁘게 움직이지 않는다. 방금 씻고 나온 머리카락 냄새와 갓 내린 커피의 향이 어울릴 때, 라디오에서 느릿하게 흘러나오는 재즈 한 곡. 그 모든 것들이 어울리는 그 순간. 손님은 메뉴를 고르기 전, 이미 이 공간을 '느끼고' 있었다.

'팔리는 공간'보다 '기억되는 공간'을 만들고 싶었다

트렌디한 공간은 늘 생기고, 사라진다. 한 시즌을 풍미하는 감각적인 인테리어, 인스타그램 속 인기 사진 명소. 그것들도 분명 멋지다. 하지만 나는 그보다 시간이 쌓이는 공간을 만들고 싶었다. 누군가는 말했다. "여기 오면 마음이 잠깐 멈춰요. 그래서 다시 살아갈 준비가 돼요." 그 말은 '메뉴가 맛있다'보다 훨씬 오래 기억되는 말이었다.

이 공간에서 흐르는 시간의 감도

공간을 만든다는 건, 결국 시간을 디자인하는 일이다. 내 공간의 가장 큰 메뉴는 '여기서 흘러가는 시간'이었다. 빠르지 않고, 느려 터지지도 않은 시간. 사람이 자기 속도로 호흡할 수 있는 시간. 그래서 나는 음악의 리듬을 낮췄고, 의자는 오래 앉아 있어도 불편하지 않도록 천천히 골랐다. 의자의 팔걸이 높이와 테이블 간격, 향초의 향과 바닥의 질감까지.

모두 한 가지를 위해서였다.

"이 공간이 누군가의 기억에 남는 순간이 되기를."

장소는 브랜드가 되고,
분위기는 메시지가 된다
― 기억되는 공간의 브랜딩은 어떻게 시작되는가

처음부터 로고가 있었던 건 아니다. SNS에 올릴 정식 상호도 없었다. 심지어 간판도 오픈하고 한 달이 지나서야 달았다. 그런데 신기하게도, 사람들은 이곳을 기억했다. "그 조용한 북카페 있잖아, 책도 같이 읽고 공연도 하는 데." "그 카페 말고, 분위기 좋은 공간. 아, 거기 사람들 이야기 따뜻한 데."

그들이 기억한 건 이름이 아니라 느낌이었다.
그들이 공유한 건 주소가 아니라 경험이었다.

기억되는 브랜드는 고객의 언어로 존재한다

브랜드라는 건 사실 '기억되는 방식'의 문제다. 큰 예산을 들여 BI를 설계하지 않아도, 사람들이 서로에게 소개할 수 있게 만드는 언어가 있다면 이미 그것은 브랜드다. 넛지스북카페를 처음 소개한 단골손님의 말이 아직도 기억난다. "거긴 그냥, 마음이 낮아지는 공간이에요. 뭔가 불편했던 감정이 다 내려가요. 그래서 자주 가요. 특별한 이유는 없는데, 이상하게 계속 생각나거든요." 그 한 문장이, 어떤 마케팅 카피보다 강력했다. 그게 바로 이 공간의 정체성이 되어 주었다.

그리고 그렇게 만들어진 인상이, 또 다른 사람의 발걸음을 이끌었다.

우리는 로고보다 '느낌'을 먼저 준비했다

내가 가장 공들였던 건 공간에 흐르는 공기였다. 향초 하나, 조명 톤 하나, 의자와 테이블 간격, 음악의 리듬까지. 무엇 하나 "브랜드화"라고 부를 수 없을 만큼 사소한 디테일이었지만, 그 모든 것이 모여 이 공간만의 '기분'을 만들어 줬다.

손님들은 "여기 조용해서 좋아요"가 아니라, "여기선 괜히 말을 아끼게 돼요"라고 말했다. 그게 브랜드였다.

장소가 '기억'되는 방식

사람들은 커피 맛을 금방 잊는다. 그날 읽은 책의 줄거리도 가물가물하다. 하지만 공간에서 느꼈던 '기분'은 오래간다.

그게 브랜드의 본질이다. 누군가 첫 데이트 장소로 이 공간을 기억한다면, 누군가 퇴사 후 처음 자신을 위로한 공간으로 이곳을 떠올린다면, 그건 더 이상 단순한 북카페가 아니다. 이 장소 자체가 그 사람의 삶 한 페이지가 된 것. 그게 브랜드가 된다. 의식하지 않아도 회자되고, 잊히지 않는 공간.

반복되는 경험이 곧 메시지가 된다

SNS 마케팅보다 더 중요한 건, 한 번 온 손님이 또 오고 싶게 만드는 일이다. 그건 광고보다 깊고, 브랜딩보다 확실하다. 내가 매일 정리하는 건 단지 테이블과 의자가 아니다.

매일 반복되는 '감도'와 '관계의 온도'를 리셋하고 다듬는 일. 그리고 그 정성은 결국, 사람들에게 "아, 여긴 늘 그 느낌이야."라는 신뢰를 만들어 준다.

적자 속에서도 놓지 않은 원칙
– '버틸 것인가'가 아니라, '어떻게 버틸 것인가'의 문제였다

초기 몇 개월은 정말 쉽지 않았다. 커피는 하루 20잔도 채 팔리지 않았고, 책 모임은 신청자보다 취소자가 더 많았고, 공연은 간이 의자만큼 관객이 오지 않았다. 한 달, 두 달, 세 달… 수익은 고정비에도 미치지 못했다. '적자'라는 단어는 통장이 아니라 마음에 더 선명하게 찍혔다. 그럼에도 불구하고, 몇 가지는 절대 타협하지 않았다. "지금은 팔리지 않아도, 나중에 사람들은 기억할 거야." 그 믿음 하나로 지켜 낸 원칙이 있었다.

1. 분위기를 무너뜨리지 않는 가격

손님이 줄자 주변에서는 "테이크아웃 1+1 하자", "저녁엔 맥주도 팔자", "저렴한 메뉴를 앞에 내세우자"는 제안을 많이 받았다. 하지만 나는 한 가지를 분명히 했다. 이 공간의 첫인상은 '싸다'가 아니라 '좋다'여야 했다. 분위기를 무너뜨리는 가격 정책은 단기 매출은 올릴 수 있어도, 이 공간을 '특별하게 기억할 이유'를 빼앗는 일이었다. 그래서 오히려 이런 문장을 메뉴판에 적었다.

"커피 한 잔보다, 여기서 보내는 한 시간이 더 소중하길 바랍니다."

2. 음악과 책, 큐레이션의 품격을 낮추지 않기

운영이 어려울수록, 사람들은 본질 아닌 것부터 줄이려 한다. 음악 구독료, 신간 도서 입고비, 공연 섭외비. 하지만 나는 줄이지 않았다. 오히려 늘렸다. 적자였지만, 좋은 음악과 좋은 문장이 흐르는 공간은 언젠가는 누군가의 마음에 닿을 것이라 믿었다. 책 큐레이션도 철저히 '마음' 중심으로 골랐다. 요란한 신간보다, 지친 사람들이 잠시 머물 수 있는 문장이 있는 책을 더 자주 들였다. 그랬더니 진짜로, 그 책에 위로받고 다시 찾아오는 사람들이 생겼다.

3. 무조건적인 '관계'에 투자하기

매출이 부족한 날일수록, 손님과의 대화에 더 시간을 들였다. 책 이야기를 나누고, 앉아서 음악 이야기를 듣고, 어떤 하루를 보내셨는지 묻는 일. 그건 단순한 친절이 아니라 이 공간을 지키기 위한 전략이었다. '관계의 밀도'는 언제나 '매출의 온도'보다 강했다. 한 명의 손님이 다시 돌아오게 만드는 건 할인 쿠폰이 아니라 "오늘 그 책 어땠어요?"라는 관심 한마디였다.

4. 적자 중에도 공연을 계속한 이유

매주 토요일, 클래식 공연과 재즈 연주를 열었다. 비용도 들고, 인원도 많지 않았지만 중단하지 않았다. 그건 단지 이벤트가 아니라 '이 공간은 문화의 무게를 포기하지 않는다'는 메시지였기 때문이다. 사람들은 예상보다 더 빨리 그 진심을 알아봤다. 한 관객은 끝나고 이렇게 말했다. "여기선 돈보다 감동이 먼저예요. 그래서 꼭 오고 싶었어요." 지키는 것이 결국은 만든다 사업 초반은 늘 그렇다. '살아남는 것'이 최우선인 듯 보인다. 하지만 나는 거기에 조심스럽게 덧붙이고 싶다. '무엇을 지키며 살아남을 것인가'가 더 중요하다고.

적자 속에서도 지킨 원칙들이 지금의 넛지스북카페를 '팔리는 공간'이 아닌 '지속되는 공간'으로 만들었다. 가끔씩 적자를 버티며 지켜 낸 그 모든 결정들이, 시간이 지나며 내 편을 만들어 주었다.

3장

책을 파는 공간,
이야기를 파는 공간

큐레이션은 철학이다
– 단순히 책을 고르는 일이 아니라,
공간의 정체성을 세우는 방식

처음 책을 고르기 시작했을 때, 나는 출판사 베스트셀러 리스트도 보지 않았다. '요즘 잘 나가는 책', '팔리는 책'은 기준이 될 수 없었다. 그보다 더 중요했던 건, "이 공간에 온 사람이 어떤 감정을 안고 가게 될까?"라는 질문이었다.

책은 책장에 꽂히기 전에, 먼저 마음에 꽂혀야 했다

손님들이 책을 고를 때의 모습을 나는 자주 바라본다. 표지를 한참 들여다보다가, 첫 문장을 읽고 천천히 페이지를 넘기고, 그 책을 안고 자리에 앉아 조용히 눈을 감는 순간. 그 장면을 만들고 싶었다. 책이 '소비'되는 것이 아니라, 책이 '머무는' 경험이 되기를. 그래서 나는 직접 읽어 보고, 머리말과 마지막 문장을 여러 번 읽으며 고른다. 그 책이 가진 '태도'가 공간의 철학과 닿아야 한다. 단지 유명한 저자의 책이 아니라, 지금 이 계절, 이 지역, 이 사람들에게 필요한 문장이 담긴 책.

큐레이션은 방향성이다

어떤 공간이 단순히 '북카페'가 되느냐, 혹은 사람들의 기억 속에 남는 '특별한 장소'가 되느냐는 바로 큐레이션이 결정한다. '무엇을 선택했는가'보다 중요한 건 '왜 그것을 선택했는가'이다. 나는 책뿐만 아니라, 공간 안에 흘러가는 음악, 전시 포스터, 테이블 위 글귀까지 모두 같은 기준으로 선택했다. 그건 내 취향이 아니라 이 공간이 나아갈 방향이었다.

책은 결국 사람을 고르는 도구다

재미있게도, 책을 통해 사람이 걸러지기도 했다. 큐레이션이 '가벼운 책' 중심이었다면 아마 손님들의 대화도, 머무는 방식도 달라졌을 것이다. 하지만 지금 이 공간을 찾는 사람들은 대부분 조용히 앉아 책을 읽고, 서로를 배려하며, 작은 문장 하나에 오래 머문다. 그건 책의 힘이자, 큐레이션의 결과다. 책장이 철학을 말해 주고, 철학이 사람을 불러왔다. 나는 그 순환을 믿는다.

어떤 책은, 말보다 많은 이야기를 전해 준다

한 번은 이런 일이 있었다. 비가 오는 날, 혼자 들어온 중년의 남성이 『나는 나로 살기로 했다』라는 책을 꺼내 들었다. 그는 책을 절반쯤 읽고는 조용히 나가며 이렇게 말했다. "딱 오늘 나한테 필요한 문장이었어요. 감사합니다." 그 순간 나는 확신했다. 책은 진열된 게 아니라, 누군가의 마음을 위해 기다리고 있어야 한다는 것. 그렇기에 큐레이션은 곧 공간의 태도이며, 철학을 독자에게 조용히 건네는 방식이다.

실제 큐레이션 사례: 공간의 철학이 담긴 책 리스트

컨셉: "조용히 머물러도 되는 이유를 주는 책들"			
테마	책 제목	저자	큐레이션 포인트
나를 돌아보는 시간	『나는 나로 살기로 했다』	김수현	자기애 회복과 자존감, 홀로 머물고 싶은 이에게
감정과 마주하는 용기	『감정 수업』	법륜	복잡한 마음을 정리하고 싶은 직장인을 위한 책
조용한 위로	『여덟 단어』	박웅현	말보다 분위기로 위로받고 싶은 이들을 위한 따뜻한 문장
느리게 사는 법	『느리게 산다는 것의 의미』	피에르 쌍소	북카페의 '느림'과 완벽히 어울리는 생활 철학서
작은 용기	『괜찮지 않을까, 우리가 함께라면』	김이나	불확실한 하루에 작지만 다정한 용기를 건네는 에세이
삶의 결을 생각하게 하는 문장들	『죽고 싶지만 떡볶이는 먹고 싶어』	백세희	정신과적 고백과 공감, 마음이 아픈 이들의 단골책

실제 손님 후기

"책을 고르려던 게 아니었는데, 그날 그 책이 저를 골랐어요. 그냥 손에 들어왔는데… 이상하게 마음이 편해졌어요."
- 30대 여성, 퇴근 후 혼자 방문

"이 공간은 조명이 아니라 문장 덕분에 따뜻해요."
- 20대 대학생, 아침 독서모임 참여자

"여기 오면 꼭 한 권은 들고 가게 돼요. 커피보다 책이 기억에 남아요."
- 40대 직장인, 정기 손님

넛지스에서 사용했던 SNS 콘텐츠용 요약 문구

① "책이 아니라, 철학을 큐레이션합니다."
② "베스트셀러보다, 지금 당신에게 필요한 문장을 고릅니다."
③ "책은 단순한 인테리어가 아닙니다. 공간의 태도입니다."
④ "좋은 공간은 한 권의 책처럼, 조용히 말을 겁니다."
⑤ "커피 향보다 책 냄새가 먼저 반기는 카페."

책 모임이 공간을 살린다
– 다양하게 시도하고, 꾸준히 이어 가는 것이
결국 공간의 힘이 되었다

처음 책 모임을 열었을 때, 나는 '다수'를 상상하지 않았다. 대신 단 한 사람이라도 진심으로 참여할 수 있는 모임을 만들고 싶었다. 그리고 지금도 그 마음은 변함없다.

저녁엔 직장인을 위한 책 모임

하루의 끝, 회사에서 녹초가 되어 돌아온 사람들이 이 공간에 모여 책 한 권, 대화 한 줄로 위로를 받는 시간이 있다. 모임의 이름은 '퇴근 후의 문장들'. 각자의 일상은 너무 달랐지만, 책 한 권에 공감하는 순간, 모두가 같은 온도로 연결됐다. "하루 종일 말하기만 하다가, 이곳에 와서 처음으로 '듣는 시간'을 갖게 됐어요."
 – 30대 마케터, 3개월 연속 참여자

오전엔 주부와 취업준비생을 위한 책 모임

아이를 등교시킨 후 잠깐의 여유, 혹은 오늘도 면접 준비로 마음이 무거운 어느 날 아침. 그 시간을 위로로 바꾸고 싶었다. 그래서 만들었다. '오전의 산책책방'. 주제는 가볍되, 대화는 진지했고 커피 향보다 따뜻했던 건 서로를 향한 눈빛과 기다림이었다.

주말엔 주제 토크 중심의 열린 책 모임

토요일엔 다양한 세대와 관심사를 가진 사람들이 찾아왔다.
정치, 환경, 사랑, 관계, 도시, 감정… 그날의 주제에 맞는 책과 문장을 중심으로 이야기를 풀어냈다. 모임의 이름은 '소리를 쓰다 마음을 담다'. 책보다도 사람이 주인공이 되는 시간이었다.

한 사람이라도, 나는 멈추지 않았다

처음에는 모임 인원이 1명이었던 날도 있었다. 커피 두 잔을 내려 놓고, 마주 앉아 책 이야기를 시작했다. 어떤 날은 두 사람, 또 어떤 날은 처음 약속된 시간에 아무도 오지 않았다. 하지만 나는 기다렸고, 다음 주에도, 그다음 주에도 문을 열었다. 모임은 결국 이어졌고, 몇 달 뒤엔 그 '1명'이 5명, 10명, 그리고 공간을 사랑하는 팬이 되었다.

꾸준함은 숫자보다 강하다

책 모임은 이벤트가 아닌 루틴이다. 매주, 같은 시간, 같은 장소에서 책을 읽고 대화를 나눈다는 건 이 공간이 사람들에게 '기다림'의 장소가 된다는 뜻이었다. 누군가는 그렇게 말한다. "일주일이 책 모임으로 연결돼 있어요. 이 시간이 있어야 다음 주가 시작돼요." 그리고 나는 그런 말을 들을 때마다 확신한다. 사람을 위한 공간은, 프로그램이 아니라 진심으로 만들어진다는 것을.

책 모임은 결국 관계의 형식이다

그 누구도 강요하지 않고, 그 누구도 소외되지 않는 방식으로 책을 사이에 두고 만나는 일은 지금 시대에 우리가 가장 갈구하는 연결일지도 모른다. 한 사람을 위해 시작한 모임이
어떤 날은 그 사람의 일주일을 지탱하고, 어떤 날은 이 공간을 지켜주는 기둥이 되었다. 그래서 나는 오늘도 책 모임을 연다. 한 사람을 위해서라도, 계속 읽고, 계속 이야기할 것이다.

작가와 독자가 만나는 밤, 북토크
– 무명의 작가와 진짜 독자가 마주 앉는, 가장 진심인 시간

매월 한 번, 이 공간은 조금 다른 분위기로 변한다. 조용히 책을 읽던 카페가, 조명을 낮추고 마이크를 켜면 작가와 독자가 마주 앉는 무대가 된다. 이름하여, 「작가와 독자가 만나는 밤」. 유명 작가 대신, '꾸준히 쓰는 사람'.

사실 처음부터 유명 작가를 부를 계획은 없었다. 현실적으로 섭외도 어려웠고, 초기에는 예산도 턱없이 부족했다. 그런데 곧 깨달았다. 진심으로 책을 쓰고 있는 무명의 작가들, 아직은 알려지지 않았지만 책 한 권 한 권에 자기 삶을 성실히 담아낸 사람들이 오히려 더 이 공간에 어울릴지도 모른다는 것을. 그래서 우리는 유명세보다 성실함을 기준으로 작가를 섭외했다. "이 공간은, 책을 쓰는 사람에게도 숨 쉴 곳이 됐어요." - 북토크 초청 작가 A

마주 앉아, 이야기를 나누는 시간

북토크의 형식은 단순했다. 작가의 낭독, 공간지기의 간단한 인터뷰, 그리고 자유로운 독자의 질문들. 공식적인 토크쇼가 아닌, 진짜 '만남'에 가까운 자리. 책을 썼다는 이유만으로 누군가의 인생을 듣는 것. 그리고 그 이야기에 누군가는 눈시울을 붉히고, 누군가는 자기 이야기를 조심스럽게 꺼낸다.

그 밤은 작가가 독자의 삶을, 독자가 작가의 마음을 이해하는 시간이었다.

무명의 작가, 진심의 반응

의외였다.

"이런 작가도 있었어?"
"처음 듣는 분인데, 너무 감동적이었어요."
"오히려 유명한 작가보다 더 가깝게 느껴져서 좋았어요."

무명이라는 건 인지도의 문제일 뿐, 이야기의 깊이와 울림은 전혀 다르지 않았다. 때로는 오히려 더 진실했다. 작가도 감동했고, 독자도 감동했다. 그리고 나는 깨달았다. 공간은 이런 감정의 '만남'을 통해 살아난다는 것.

북토크가 남긴 것

이후, 북토크를 듣고 책을 구매해 가는 손님도 생겼고, 작가에게 직접 응원의 메시지를 남기는 독자도 있었다. 더 인상 깊었던 건, 북토크에 왔던 독자들이 다시 찾아와 책을 읽고, 책 모임에 참여하고, 공간의 단골이 되었다는 것. 북토크는 그저 하나의 이벤트가 아니었다. 그건 이 공간의 색깔을 가장 선명하게 보여 주는 '장면'이었다.

작은 북토크가 알려 준 진실

유명하지 않아도 괜찮다. 많은 사람이 오지 않아도 괜찮다. 진심이면, 전해진다. 그리고 그것이 이 공간이 존재해야 할 이유라고, 나는 믿는다. "이곳은 무명의 작가가 진심을 말하고, 독자가 마음으로 듣는 공간입니다." "작가와 독자가 마주 앉는 밤, 서로의 문장이 서로의 인생을 건드렸습니다." "유명하지 않아도 괜찮습니다. 여긴 진짜 이야기를 환대하는 곳이니까요."

실제 북토크 초청 작가 사례

시 중심 북토크 포인트:
시 낭독과, 교사로서의 삶을 버무린 진솔한 이야기
반응:
"시가 아니라, 사람의 마음을 낭독하는 느낌이었어요."
"교사로서도, 작가로서도 이렇게 단단한 사람이 있다는 것만으로도 위로가 됐습니다."

글쓰기 작가 북토크 포인트:
회사 생활과 병행한 글쓰기 습관 만들기 이야기
반응:
"저도 매일 퇴근 후 글을 쓰기로 결심했어요."
"누군가의 루틴이, 내 인생의 변화가 될 수도 있겠다는 생각이 들었어요."

엄마 작가의 감정 서사 북토크 포인트:
'엄마'라는 이름을 받아들이기까지의 감정 서사
반응:
"육아는 누구에게나 힘들지만, 그걸 말할 수 있는 곳이 필요하단 걸 느꼈어요."

"엄마가 아닌 사람도 공감할 수 있는 이야기였어요. 결국 다 '사람'의 이야기니까요."

에세이 작가 북토크 포인트:
지방 도시에서 책방 운영과 글쓰기를 병행하며 생긴 이야기
반응:
"도심이 아니어도 충분히 의미 있는 삶을 살아갈 수 있다는 걸 보여주셨어요."
"동네를 브랜드처럼 만드는 감각이 인상 깊었어요."

북토크 진행 스타일 공통점

① 낭독 → 대화 → 자유 질문 → 서명회 및 포토타임
② 책을 구매한 독자에게는 북토크 한정 엽서 증정
③ 행사 후 SNS 후기를 남기면 음료 쿠폰 제공

4장

강연, 공연,
그리고 관계의 확장

강연을 열면 손님이 달라진다

북카페를 연다고 해서 손님이 전부 책을 좋아하는 것은 아니었다. 처음엔 대부분 카페를 이용하러 왔고, 책은 그냥 배경이었다. 공간이 예쁘다고, 조용하다고, 커피가 맛있다고 찾아오는 이들이 많았다. 하지만 강연을 열자, 달라졌다. 처음으로 이 공간에 '목적'을 가진 손님들이 들어오기 시작했다.

책에서 말로, 말에서 사람으로

강연은 단순한 지식 전달이 아니었다. 책을 매개로 서로의 생각을 나누고, 누군가의 삶을 짧게 엿보는 시간이기도 했다. 특히 우리 공간에서는 책 중심의 주제 강연, 창작자와의 대화, 동네 기반 로컬 콘텐츠 강연 등 가볍지만 깊은 이야기를 나누는 자리를 의도적으로 기획했다. 주제는 크지 않아도 괜찮았다. "퇴근 후 하루 한 줄 일기 쓰기", "혼자

사는 사람의 냉장고 속 에세이", "책과 걷기에 대하여" 같은 주제도 사람들을 끌어들였다.

강연을 통해 만난 '진짜 손님들'

놀라운 건, 강연을 듣고 간 손님들은 다시 돌아왔다는 것이다. 그들은 다음 주엔 책 모임에 참여했고, 그다음 달엔 공연 티켓을 예약했다. 그리고 어느 날은 친구를 데리고 다시 찾아왔다. 이전에는 그냥 '손님'이었던 이들이 조금씩 '이 공간을 좋아하는 사람들'이 되어 갔다. 강연이 만들어 낸 건 단지 프로그램이 아니라, 공간과 사람 사이의 연결선, 관계의 시작이었다.

프로그램이 아닌, 커뮤니티의 시작

강연이 끝나고 자리를 정리하다 보면 항상 누군가는 말을 걸었다. "다음엔 어떤 프로그램 있어요?", "저 이 작가 너무 좋아하는데, 꼭 다시 불러 주세요." 그 작은 대화들이 쌓여 단골이라는 말로는 설명되지 않는 커뮤니티가 생겨났다. 그들은 이제 공간의 분위기를 만든다. 손님이 아니라, '함께하는 사람'이 되었다.

공간이 전하는 메시지

나는 이 공간을 통해 단지 책을 파는 게 아니라, 사람과 사람 사이에 대화를 연결하고 싶었다. 강연은 그 출발선이었다. 커피는 주문하지 않아도 괜찮고, 책을 안 사도 상관없다.

대신 이곳에서 누군가의 이야기를 듣고, 내 삶을 되돌아볼 수 있다면 그건 이미 이 공간이 제 역할을 하고 있는 증거였다.

넛지스에서 사용한 한 줄 요약(SNS)

"강연을 열자, 손님이 아니라 '관계'가 들어왔다."
"사람은 이야기로 이어진다. 강연은 그 시작이었다."
"프로그램이 아니라, 커뮤니티를 만드는 공간."

서로 다른 주제가 모여, '공간의 얼굴'이 되다

처음부터 확신이 있었던 건 아니다. 책이 중심이지만, 책만으론 공간이 숨 쉬지 않는다는 걸 운영하며 느꼈다. 사람들이 이 공간에서 '대화'하고 '연결'되길 바랐고, 그 시작은 조금 다른 형태의 모임과 강연들이었다.

영화, 그 후의 대화

소박한 빔프로젝터 하나로 시작한 영화 모임은 단순한 상영회가 아니었다. 영화를 함께 보고, 각자의 감상과 생각을 나누는 시간. 한 명씩 돌아가며 "어떤 장면이 마음에 남았는지" 이야기할 때, 그들이 마주하는 건 스크린이 아니라 서로의 마음이었다. 어떤 날은 조용했고, 어떤 날은 토론처럼 격렬했지만 모두가 "혼자였지만, 함께 본 영화"를 마음에 남겼다.

와인, 책, 그리고 밤의 대화

책과 와인을 함께 곁들이는 밤의 프로그램은 혼자 책을 읽는 시간이 아닌, 함께 책을 살아 보는 경험이었다. '와인 한 잔'의 힘은 대단했다. 낯을 가리던 사람도, 조금씩 마음을 열기 시작했고 책 속 주인공보다 자신의 이야기를 꺼내기 시작했다. 이 밤은 그저 문화 행사가 아니라, 서로를 깊이 이해하게 만드는 작은 인생클럽이었다.

연애의 정석: 사랑을 배우는 시간

'연애'를 주제로 한 독서와 대화 시간도 있었다. 『사랑의 기술』부터 『연애의 끝에서』같은 책을 읽고 서툴렀던 관계에 대해 나누고, 자신의 상처를 돌아보는 시간. "사실 이 얘기를 해 본 적이 없어요." 그 말이 끝나면, 모두가 잠시 조용해졌고 그 안에서 우리는 서로의 용기에 박수쳤다. 이해받는 감정은, 때로 사랑보다 큰 위로였다.

관계에 대해 이야기하는 모임

'관계'는 누구에게나 어렵다. 친구, 연인, 가족, 동료. 가깝기에 더 상처받고, 쉽게 풀리지 않기에 혼자 끌어안게 되는 감정들. 우리는 이런 이야기를 책이라는 안전한 매개를 통해 꺼냈다. 이 모임에선 정답을 말하지 않았다. 대신 각자의 이야기를 경청했고, 그 자체가 이미 충분한 회복이었다.

문화예술 전문가들과의 대화

독립 영화감독, 로컬 큐레이터, 문학 평론가, 그림책 작가까지 유명하지는 않아도, 현장에서 자기 이야기를 성실히 이어 가는 사람들을 초대했다. 그들은 '자신의 삶을 살아 내는 방식'을 이야기했고 참석자들은 그 이야기를 통해 나의 일상을 돌아보는 계기를 가졌다. 이 시간들이 특별했던 건, 지적 대화 속에도 따뜻함이 있었기 때문이다. 강연이 끝나고도 누구 하나 쉽게 자리를 뜨지 않았던 밤. 그건 이 공간이 단지 공연장이 아니라 공감의 장이었음을 보여 주는 증거였다.

이미지 메이킹 & 퍼스널 컬러 워크숍

조금은 실용적인 강의도 기획했다. 퍼스널 컬러 진단, 자기소개서 이미지 코칭, 취업용 프로필 촬영 워크숍. 이 강연들은 특히 여성 손님들에게 뜨거운 반응을 얻었다. "그동안 나를 꾸미는 걸 사치라 생각했는데, 내가 나를 아끼는 시작 같았어요." 공간이 자기 발견과 회복의 장이 될 수 있다는 걸 보여 준 시간이었다.

이 모든 시간의 공통점은

'이야기할 수 있도록 준비된 자리'였다는 것. 우리는 콘텐츠를 팔지 않았다. 대신, 누군가의 이야기가 안전하게 흘러갈 수 있는 분위기를 만들기 위해 애썼다. 이 모임들을 통해 나는 확신했다. 책이 아니라, 커피가 아니라, 사람과 사람 사이를 이어주는 공감이 이 공간의 진짜 콘텐츠라는 걸.

넛지스에서 사용했던 SNS 문구

"와인보다 따뜻했던 건, 낯선 이의 말 한마디였습니다."
"책과 영화, 강연과 퍼스널컬러. 결국 이 공간은 당신의 이야기로 채워집니다."

"넛지스북카페는 혼자였던 마음들이 '함께'가 되는 방식으로 공간을 엽니다."

인디 공연과의 첫 협업,
그리고 넛지스 재즈밴드의 탄생

북카페라는 공간에서 음악은 어쩌면 가장 이질적인 요소처럼 보일지도 모른다. 책을 읽는 공간, 조용히 사색하는 장소.

그런데 이상하게도, 나는 그 조용함 속에 음악이 들어오기를 바랐다. 책이 마음을 두드리는 언어라면, 음악은 감정을 흔드는 언어였기 때문이다.

싱어송라이터 신윤수와의 첫 공연

처음으로 시도한 인디 공연은 싱어송라이터 신윤수 님의 초청으로 시작됐다. 오롯이 어쿠스틱 기타와 목소리만으로 공간을 채우던 그의 공연은, 사람들의 마음을 차분히 물들였다. 그날, 나는 확신했다. "아, 이 공간은 책과 음악이 공존할 수 있는 장소구나." 책장 사이로 음악이 흐르고, 음악 사이로 사람이 연결되는 모습을 처음으로 보게 된 날이었다.

우연에서 시작된 재즈, 하나의 밴드가 되다

어느 날, 카페에 들른 한 손님이 말을 걸었다. "여기서 재즈 공연을 해도 될까요?" 그는 전문 재즈 연주자였고, 친구들과 함께 작은 공연을 하고 싶다고 했다. 우연이었지만, 나는 그 우연을 놓치고 싶지 않았다. 그렇게 넛지스 재즈밴드가 결성됐다. 매월 1회 이상, 이 공간은 책과 커피 향 대신 색소폰, 피아노, 콘트라베이스 소리로 채워졌다. 연주자들은 무대 위의 아티스트이자, 공연 후엔 손님들과 같은 테이블에 앉아 대화를 나누었다.

음악과 대화가 만나는 밤

넛지스의 공연은 단순한 음악회가 아니었다. 공연 후 이어지는 짧은 토크 시간은 늘 뜨거운 반응을 얻었다. "이 곡은 어떤 감정으로 연주하신 건가요?" "이 곡을 만들던 때, 어떤 일이 있으셨나요?" 관객들은 듣는 데서 멈추지 않았고, 연주자들은 말하는 음악가가 되었다. 그 시간만큼은 모두가 무대 위와 아래를 나누지 않았다. 음악은 감정을 공유하는 도구였고, 이야기는 음악을 더 오래 기억하게 하는 힘이 되었다.

단지 공연이 아니라, 관계의 시작

넛지스에서의 음악은 문화 행사가 아니었다. '한 사람의 삶이 어떻게 예술이 되는가'를 체험하는 시간이었다. 익명의 관객이, 연주자의 이름을 기억하게 되었고 어떤 손님은 다음 공연을 기다리며 친구와 함께 다시 찾아왔다. 사람들이 음악을 좋아해서라기보다는 진심이 흐르는 공간에서 누군가의 이야기를 듣고 싶어서 오는 것 같았다. 그건 카페가 아니라, 무대가 아니라, 삶이 교차하는 진짜 '장소'라는 걸 느끼게 해 주는 순간들이었다.

넛지스에서 사용했던 SNS 문구

"커피 향 사이로 흐르는 재즈, 책장을 넘기듯 음악이 시작되었다."
"연주자와 관객이 함께 앉아 이야기 나누는 북카페, 넛지스의 밤은 그렇게 깊어졌다."
"공연보다 뜨거웠던 건, 그 후의 대화였다. 음악은 결국 사람을 잇는다."

클래식과 와인의 만남, 그리고 따뜻한 러브 토크

클래식 음악은 사실, 나에게도 어려운 장르였다. 엄숙하고, 고상하고, '아는 사람들만' 즐기는 것 같았던 세계. 북카페라는 공간에 어울리는 듯하면서도 어쩌면 너무 무겁지 않을까, 걱정도 있었다. 그런데 놀라운 건, 제안은 '손님' 쪽에서 먼저 왔다는 것이다.

클라리넷 연주자 손님과의 우연한 제안

넛지스를 자주 찾던 한 손님이 어느 날 조심스레 말을 꺼냈다. "사실 제가 클라리넷을 연주하는 사람인데요, 이 공간에서 클래식 공연을 해보면 어떨까요?" 그 말은 내게 무척 특별하게 다가왔다. 우연한 만남, 그리고 손님의 제안이 이 공간을 조금 더 '우리의 것'으로 만드는 방식이라는 걸 느꼈다. 그 공연은 단지 연주만으로 끝나지 않았다. 클래식을 처음 듣는 이들도 부담 없이 올 수 있도록 '와인 한 잔'과 함께 듣는 러브스토리 토크를 곁들였다. 연주자는 슈만과 클라라의 사랑 이야기, 브람스의 외로운 짝사랑을 이야기했다. 그저 악보에 머물던 곡들이 사랑에 빠졌던 사람들의 이야기로 살아 움직였다. 그리고 그 이야기는 우리의 이야기가 되었다.

클래식은 '사람의 감정'이었다

연주가 끝났을 때, 놀랍게도 많은 사람들이 눈시울을 붉혔다. "클래식이 이렇게 쉽게 다가올 줄 몰랐어요." "사랑 이야기와 함께 듣다 보니, 멜로디가 마음을 울리네요." 이건 단순히 '클래식을 대중화하는 방법'이 아니었다. 이건 클래식을 통해 사람과 사람이 조금 더 가까워질 수 있다는 걸 보여 준 사건이었다.

그날 이후, 클래식은 더 이상 낯설지 않았다

우리는 이후에도 몇 번 더 클래식 공연을 기획했다. 피아노, 바이올린, 첼로. 때론 연주자 혼자였고, 때론 두 명이 함께였다. 하지만 변하지 않은 건 음악을 통해 마음을 주고받는 분위기였다. 누군가는 클래식을 듣고 연애를 떠올렸고, 누군가는 와인 한 잔에 오래된 편지를 꺼냈다. 그날의 밤은 그렇게, 음악과 이야기와 감정이 조용히 뒤섞인 정서적 사건으로 기억되었다.

넛지스에서 사용했던 SNS 문구

"클래식은 어려운 음악이 아니었다. 그저, 오래된 사랑 이야기였다."
"한 잔의 와인, 한 곡의 연주, 그리고 우리 모두의 이야기."
"클라리넷 선율에 기대어 사랑을 이야기하는 밤, 넛지스에서."

"이런 곳이 있다는 게 감사해요"라는 말

처음 그 말을 들었을 땐, 잠시 말문이 막혔다. "이런 곳이 있다는 게 감사해요." 그날 마지막 손님이 문을 나서며 남긴 말이었다. 나는 커피를 잘 내리기 위해 노력했고, 책을 고르기 위해 밤늦게까지 서점과 도서 목록을 뒤졌으며, 공연을 기획하기 위해 작은 인디밴드에게 일일이 메시지를 보냈다. 그 모든 수고가 이 한마디 말로 보상받는 순간이었다.

일상이 힘들었던 한 사람의 고백

그 손님은 취준생이었다. 오전 독서모임에 조심스레 참석했던 그녀는, 세 번째 모임이 끝나고 나서야 마음을 열었다. "매일 아무 일도 없는 하루가 반복되다가 여기서 책을 읽고, 누군가와 이야기하는 게 제 하루에서 제일 중요한 일이 됐어요. 이런 곳이 있다는 게, 그냥… 고마워요." 그 말 속엔 많은 감정이 들어 있었다. 불안, 고립감, 외로움. 하지만 동시에 연결됨, 안정감, 따뜻함도 느껴졌다.

카페라는 공간 이상의 것

가끔은 묻는다. '내가 무슨 대단한 일을 하고 있나?' 하지만 손님들의 말 한마디가 그 질문에 답해 준다. "여기 오면 내가 살아 있다는 느낌이 들어요." "그냥 누가 내 이야기를 들어 주는 것 같아서 좋아요." "회사랑 집 말고도 갈 곳이 있다는 게 참 좋아요." 넛지스북카페는 그렇게 누군가의 '세 번째 장소'가 되어 주었다. 의무로 가는 곳도, 소비만 있는 곳도 아닌 마음을 두고 가는 장소.

공간이 아니라, 마음이 기억되는 곳

나는 이 공간을 '브랜드'로 만들고 싶은 것이 아니라, '기억'으로 남는 장소로 만들고 싶었다. 그리고 그것은 사람이 말을 남기고, 그 말이 이야기가 될 때 시작되었다. "이런 곳이 있다는 게 감사해요." 그 말은, 내가 이 일을 계속할 이유가 되었다.

넛지스에서 사용했던 SNS 문구

"위로는 대단한 말이 아니라, 함께 있는 공간에서 시작됩니다."

"카페가 아니라, 마음이 앉아 쉴 수 있는 자리."
"그냥 와서 책 한 권 읽고, 커피 한 잔 마시고 가는 것. 그런데 그게 힘이 되었대요."

공간이 커뮤니티가 되는 법
― 넛지스북카페 1년의 실험에서 얻은 여섯 가지 원칙

서울의 한적한 골목, 한 평 한 평 애정을 담아 채운 작은 공간이 있다. 책과 커피가 중심이지만, 어느새 강연과 공연, 모임과 대화로 가득 찬 이 공간은 이제 단순한 북카페가 아니다. '넛지스북카페'는 하나의 공간에서 출발해 커뮤니티로 성장한 대표적인 사례다. 나는 이 공간을 기획하고, 운영하고, 함께 호흡하며 하나의 질문에 천착했다. "어떻게 하면 공간이 관계의 허브, 커뮤니티의 씨앗이 될 수 있을까?" 이 질문에 대한 답을 찾기 위해 지난 1년간 수많은 실험과 시행착오를 반복했다. 그 과정에서 얻은 여섯 가지 원칙을 공유하고자 한다.

1. 목적이 있는 공간은 사람을 불러 모은다

커뮤니티의 시작은 명확한 '목적'이다. 넛지스북카페는 단지 책을 읽는 공간이 아니다. 우리는 '책을 매개로 한 삶의 전환'을 지향했다. 이 목표 아래 '독서모임', '북토크', '작가와의 대화', '1인 출판 워크숍' 등을 기획했다. 같은 지향을 가진 이들이 자연스럽게 모였고, 공간은 점점 더 목적지에서 출발점이 되었다.

Tip: "이 공간은 무엇을 위해 존재하는가?"라는 질문을 명확히 하고, 그 목적에 공감하는 사람들과 연결될 수 있는 콘텐츠를 기획하라.

2. 주인이 아닌 '안내자'가 되어라

공간 운영자는 '주인'이 아니라 '길잡이'여야 한다. 지나친 통제보다는 참여자들의 자율성을 존중해야 한다. 초기에는 모든 행사를 내가 직접 기획했지만, 점차 참여자에게 제안권을 넘겼다. 그 결과, '내가 기획한 모임'보다 '함께 만든 자리'가 더 오래갔다.

Tip: 기획자보다 촉진자가 되어라. 참여자에게 공간 사용의 주도권을 조금씩 넘기며 커뮤니티의 주체로 세워라.

3. 반복되는 만남이 신뢰를 만든다

한 번의 만남으로 커뮤니티는 생기지 않는다. 우리는 매주 고정된 요일에 책 모임을 열었고, 월 1회의 정기 포럼을 개최했다. 시간이 흐르면서 낯설던 얼굴들이 서로의 이름을 부르기 시작했고, 책 이야기에서 삶의 이야기를 나누는 사이가 되었다.

Tip: 반복성과 리듬이 중요하다. '정기성'을 통해 관계의 밀도를 높여라.

4. 행사는 핑계고, 관계가 목적이다

북토크, 강연, 공연은 중요하다. 하지만 이보다 더 중요한 건 '그 이후'다. 우리는 행사 뒤 항상 작지만 진심 어린 뒤풀이 자리를 마련했다. 커피 한 잔, 와인 한 잔을 나누며 우리는 서로의 목소리에 귀 기울였다. 이 사소한 대화들이 커뮤니티를 연결하는 진짜 힘이었다.

Tip: '프로그램 중심'보다 '사람 중심'의 운영을 하라. 이벤트 후 네트워킹 시간을 꼭 마련하라.

5. 공간은 열릴수록 살아난다

우리는 '외부 대관'을 적극적으로 활용했다. 지역 시민단체, 창작자, 교사, 독립 서점 등 다양한 주체들이 넛지스를 빌려 행사를 열었다. 그 과정에서 새로운 네트워크가 자연스럽게 형성되었고, 그들은 다시 손님이 아닌 '공동 기획자'로 돌아왔다.

Tip: 공간은 닫을수록 사유화되고, 열수록 살아난다. 열린 플랫폼으로 운영하라.

6. 기록은 커뮤니티의 역사다

우리는 매 행사마다 사진과 후기를 남겼고, SNS를 통해 공유했다. 처음엔 단순한 홍보였지만, 나중에는 그것이 커뮤니티의 역사이자 기억이 되었다. 자신이 참여한 흔적을 기록으로 보는 순간, 사람들은 '이 공간의 일부'가 된다는 감정을 느낀다.

Tip: 매번 기록하고, 공유하고, 감사하라. 커뮤니티는 기억을 공유하는 집단이다.

마치며

넛지스북카페는 여전히 완성형이 아니다. 공간은 계속 움직이고, 커뮤니티는 계속 진화한다. 중요한 것은, '함께 있음'의 가치를 믿고 꾸준히 실천하는 것이다. 어떤 공간이든, 커뮤니티가 될 수 있다. 단, 그 공간이 사람을 환대하고, 이야기를 듣고, 자율성을 허락하고, 기록을 존중할 때. 이 작은 원칙들이 다른 누군가의 공간에도 작지만 확실한 '넛지'가 되길 바란다.

5장

월매출 3천만 원의 비밀

수익 구조를 다각화하는 법

넛지스북카페는 처음부터 월매출 3천만 원을 목표로 했던 공간은 아니었다. 공간을 채우는 콘텐츠와 관계에 집중하다 보니 어느 순간 이 수치에 도달해 있었다. 그때 나는 비로소 질문을 던지게 되었다. "어떻게 해서 우리가 이만큼의 수익을 낼 수 있었을까?" 이 질문에 답하기 위해 1년간의 매출 데이터를 돌아보고, 수익이 어디서 나왔는지 세부적으로 분석했다. 결론은 명확했다. 공간의 수익은 단일 품목이 아니라, 다양한 수익원이 복합적으로 연결되며 만들어진 것이었다.

1. 독서모임, 콘텐츠 수업 – '지식 경험'은 최고의 상품이다

가장 먼저 자리 잡은 수익 구조는 정기 독서모임이었다. 공간이 오픈한 지 두 달 만에 '함께 읽고 나누는 것'에 대한 수요가 보였고, 이를 체

계획했다.

운영 방식:

매주 월요일, 목요일 오전 10시 및 저녁 8시, 한 달 4회 운영. 정기 구독형 회비 제도(월 6만 원). 매달 새로운 책과 주제를 선정해 함께 읽고 토론. 신청은 온라인 폼으로 받고, 입금 완료 순으로 마감. 매회 평균 참여자 15~20명.

수익 구조:

월요일 평균 20명 × 6만 원 = 월 120만 원 고정 수익.
목요일 평균 20명 × 6만 원 = 월 120만 원 고정 수익.
다른 요일에도 소규모 모임을 추가 운영하면서 이 수치는 점점 늘어남. 독서모임에서 얻은 인사이트를 바탕으로 더 깊은 학습 콘텐츠를 기획했다. 대표적인 것이 책 쓰기 클래스다.

책 쓰기 클래스 구성:

8주 과정 / 소그룹 (정원 15명) / 회비 1인당 35만 원.
매주 2시간, 강의 + 코칭 + 과제 피드백 형식으로 진행.
공간 내에서 실제 책을 낸 수강생이 4명 이상 나오며, 강력한 브랜드 자산이 됨.

운영 수익:

15명 정원 기준, 클래스 1기당 약 525만 원 수익 발생. 연 2회 운영하면 1,000만 원 이상의 고정 매출이 확보됨.

실전 팁:

독서모임은 월 구독 모델로 전환하는 순간부터 안정적 매출원이 됨. 콘텐츠 기획력은 곧 수익력. 혼자 만들기 어렵다면 공동 기획도 가능. 수강생의 성장 결과가 다시 새로운 수익의 씨앗이 됨(→ 강사, 공동 모임장으로 참여 유도).

2. 공간은 시간 단위로 쪼개야 돈이 된다

공간 자체의 수익화도 핵심이다. 단순히 카페 이용료로만 공간을 돌리기에는 한계가 명확하다. 넛지스북카페는 오히려 '공간의 시간'을 팔았다.

대관 모델:

평일 낮(10:00~17:00), 저녁(18:30) 12만 원 선. 조명, 음향, 빔프로젝터 기본 제공.

월 정액 대관제:

고정 요일, 고정 시간에 매주 사용하는 커뮤니티를 대상으로 멤버십 운영.

예: 매주 수요일 저녁 요가 모임, 매주 일요일 오전 독서 코칭 등.

외부 단체 기획형 대관:

지역 시민단체, 기업 워크숍, 소규모 북토크 등 기획 + 대관 + 홍보 패키지 제공.

회당 50만~100만 원 수익 가능. 콘텐츠 기획 역량이 핵심.

실전 팁:

시간 단위로 쪼개면 공간 가동률이 올라감.

정기 대관자는 '안정적인 고객'이자 커뮤니티 구성원으로 성장할 가능성 높음.

패키지형 대관(기획 + 운영 + 촬영)은 단가를 높이는 핵심.

3. '공연'과 '강연'은 수익 이상의 브랜딩 효과

소규모 공연과 강연은 넛지스북카페의 대표 프로그램 중 하나다. 매달 한두 번씩 기획해 정기적으로 열었으며, 티켓 수익 외에도 공간 브랜드 가치를 높이는 데 결정적 역할을 했다.

대표 사례:

문학 × 음악 × 대화가 어우러진 〈책으로 듣는 밤〉 시리즈

입장료 1만 5천 원, 정원 30석. 매회 매진율 90% 이상.

협업 뮤지션, 작가, 낭독자와 수익을 쉐어하거나, 고정 페이 지급 방식으로 운영.

수익 + 파급력:

공연 수익 자체는 크지 않지만, 참여자들의 후기, 사진, 인스타그램 스토리 등으로 공간 인지도가 자연스럽게 확산됨.

이후 강연자의 팬이 다시 공간 방문 → 신규 유입 고객 증가.

실전 팁:

소규모 유료 공연은 '돈이 아니라 파급력'으로 본다.

프로그램 기획자는 내부에서 직접 하되, 출연자는 외부 협업으로 구성.

공연 후 네트워킹 시간 마련 시, 유료 회원 전환율 상승.

4. 책, 공간의 이야기를 담아야 팔린다

큐레이션 북 패키지:

매달 1회, 이달의 주제에 맞는 책 3권 + 북노트 구성.

자체 라벨 포장 및 설명지 삽입. 택배 배송 포함가 4~5만 원.

실전 팁:

상품 자체보다 "이 공간에서 샀다"는 감정이 중요함. 디자인과 스토리텔링이 핵심.

시즌 한정판, 소량 제작 원칙 → 희소성과 참여 욕구 유발.

SNS와 브런치에서 꾸준히 콘텐츠로 노출.

5. 온라인 전환, 콘텐츠 자산화는 '미래의 수익'

오프라인 중심의 공간이라도 온라인 수익 모델은 반드시 필요하다. 콘텐츠는 쌓이기만 하면 자산이 되고, 언제든 수익화 가능성이 열린다.

온라인 클래스:

'책쓰기 A to Z', '큐레이션 독서법', '공간 운영법' 등의 콘텐츠를 촬영. 클래스101, 탈잉, 유튜브 구독 등 플랫폼 연동.

아카이빙 + 뉴스레터:

행사 후기, 모임 운영기, 독서노트 등을 글로 남겨 뉴스레터 발송.
일정 구독료 기반 유료 전환 실험 중. 브런치 구독자 기반 확보.

콘텐츠 기반 출판:

지금 이 책처럼, 공간의 운영 사례를 콘텐츠로 정리 → 책 출간.
이는 다시 새로운 고객 유입의 마중물이 됨.

실전 팁:

오프라인 프로그램 하나를 열 때마다 기록을 남겨라.
누적된 콘텐츠는 6개월~1년 단위로 정리해 상품화 가능.
'지금 안 팔아도, 미래에 팔 수 있다'는 관점이 필요.

마무리하며

넛지스북카페가 월 3천만 원의 매출을 만든 것은 어느 날 갑자기 일어난 일이 아니다. 공간을 다양한 방식으로 쪼개고, 콘텐츠를 경험으로 만들고, 관계를 자산으로 전환하며 천천히 확장해 온 결과였다. 이 공간이 그랬던 것처럼, 당신의 공간도 수익의 모양을 바꿔 갈 수 있다. 핵심은 단 하나다. '당신이 가진 철학이, 누군가에게 필요한 경험으로 연결되는 구조를 만드는 것.' 그 시작은 언제나 작지만 진심 어린 실험에서부터 시작된다.

6. 고가 상품 및 전문가 서비스형 수익 구조

수익 구조를 다각화한다는 것은 단순히 '상품을 많이 만든다'는 뜻이 아니다. 핵심은 고객의 니즈를 더 깊이 들여다보고, 그들이 다음 단계로 나아갈 수 있도록 돕는 맞춤형 솔루션을 제공하는 것이다.

넛지스북카페에서는 시간이 지나면서 '책을 좋아하는 사람'에서 '책으로 인생을 바꾸고 싶은 사람'으로 고객층이 진화했다. 그 변화에 응답하기 위해 고가형 큐레이션 서비스와 관계 중심의 컨설팅 프로그램을 새롭게 도입했다.

1) 독서 큐레이션 - '읽을 책을 제안하는 것'이 아닌, '삶을 함께 읽어주는 것'

책을 좋아하는 이들이 가장 많이 하는 고민 중 하나는 "무슨 책을 읽어야 할지 모르겠다"는 것이다. 넛지스에서는 단순 추천을 넘어서, 고객의 상황과 감정, 고민을 함께 듣고 책을 '함께 찾아주는' 1:1 큐레이션 서비스를 기획했다.

10회권 독서 큐레이션 서비스

기간: 3개월 3권 추천 + 배경 해설 + 적용 가이드 + 후속 점검

가격: 10회권 40만 원

고객 반응 및 효과

실제 수강생 중 60%가 이후 정기 독서모임, 책 쓰기 클래스 등으로 자연스럽게 연결.

특히 상담사, 작가 지망생, 인문학 관심층의 반응이 높음.

운영 팁:

책을 제안하는 것이 아니라, 삶의 리듬과 고민을 함께 읽어주는 관점에서 접근

단발성 상담이 아닌 '관계 기반의 독서 동행'으로 차별화

문서화된 큐레이션 보고서, 오프라인 선물(노트, 필사용지 등)로 경험의 질을 높임

2) 관계짓기 컨설팅 - 공간 운영자가 아닌 '관계 설계자'로 일하다

공간 운영 1년이 지나자, 비슷한 고민을 가진 창업자나 운영자들이 자주 찾아왔다. "어떻게 사람들과 관계를 맺었냐", "어떻게 커뮤니티가 생겨났냐", "지속 가능하게 만드는 방법이 뭐냐". 이 질문에 대한 답을

정리해 만든 것이 바로 '관계짓기 컨설팅' 프로그램이다.

서비스 구성 및 운영 방식
대상: 공간 운영자, 1인 콘텐츠 크리에이터, 커뮤니티 조직가 대인관계에 관심 있는 누구나
구성: 1:1 심층 세션 5회(온라인 또는 오프라인) + 중간 워크북 + 피드백 리포트 + 오픈 공간 1회 연계
기간: 2~3개월
컨설팅 비용: 300만 원(VAT 별도)

주요 컨설팅 내용
관계의 구조 설계: 누구와, 어떻게, 왜 관계를 맺을 것인가
커뮤니티 운영 전략: 지속성과 자발성의 균형
공간/프로그램/콘텐츠를 통한 관계 매개 도구 디자인
운영자의 정체성과 감정 관리

성과 사례
실제 수강생 중 3명이 새로운 공간을 열었고, 5명이 기존 커뮤니티를 재구성하여 활동 확장
후기 기반 입소문만으로 수요 지속

운영 포인트:

이 프로그램은 단기 수익이 아닌, 브랜드 신뢰와 전문성의 상징이 됨

'결과가 보장되는' 컨설팅이 아니라, '함께 설계하고 실험하는' 동반자적 접근이 핵심

제한 인원 운영(연간 3~5팀)으로 집중력과 품질 유지

마무리하며

수익을 다각화하는 일은 단순히 카페에 메뉴를 늘리는 것이 아니다. 오히려 핵심은 다음과 같다. "내가 제공하는 서비스가, 누군가에게 인생을 바꾸는 도구가 될 수 있을까?"

넛지스북카페는 단순한 문화 공간이 아니라, 사람의 가능성을 연결하는 장치로서 기능했다. 그 안에서 탄생한 고가 큐레이션과 컨설팅 프로그램은 단기 수익 이상의 의미를 지녔다. 그리고 이것은 누구나 가능하다. 다만 조건이 있다. 당신이 지금 관계 맺고 있는 사람들과 얼마나 깊이 연결되고 있는지, 그 진심을 꾸준히 축적하고 있는지. 그것이 결국 공간의 수익이자, 지속 가능한 철학이 된다.

공간 대여의 마법
- '시간'을 '기회'로 바꾸는 법

처음엔 그저 빈 시간이었다.

오전 10시부터 오후 1시까지, 평일 낮에는 손님이 드물었다. 동네 사람들이 대부분 출근했고, 동네 엄마들은 카페에 오래 머물지 않았다. 오후에는 서서히 손님이 들어왔지만, 낮 시간대의 빈자리는 늘 아쉬웠다. 그래서 생각했다. "이 시간을 누군가에게 기회로 만들 수는 없을까?" 그때부터 넛지스북카페의 '공간 대여'는 단순한 부가 수익이 아닌, 가능성을 설계하는 도구가 되기 시작했다.

1. 남는 시간은 수익이 아니라, 기회로 본다

공간을 운영하는 많은 사람들은 '비는 시간'을 걱정한다. 그러나 우리는 그것을 '열린 시간'이라 부르기로 했다. 그리고 그 시간에 사람들을 초대하기 시작했다. 평일 오전, 전시큐레이터가 소규모 그림 모임을 열었다. 수요일 낮, 캘리그라피 강사가 작은 클래스 공간을 찾았다. 주말 오전, 아동 독서 프로그램을 운영하던 선생님이 공간을 빌리고 싶어 했다.

그들은 모두 대형 강의실이 아닌, 따뜻하고 정돈된 작은 공간을 원했다. 비즈니스가 이제 막 시작되었거나, 소규모 운영에 적합한 공간을 찾던 사람들이었다.

이들의 공통점은 '콘텐츠는 있지만 장소가 없는 사람들'이었다. 그리고 넛지스는 그들의 첫 번째 무대가 되었다.

2. 3시간 단위, 공간의 가치를 쪼개다

넛지스북카페는 공간 대여를 '시간 단위 패키지'로 설계했다.

기본 대여 단위는 3시간, 시간대는 오전(10:00~17:00), 저녁(18:30~21:30)으로 나누었다. 가격은 시간대와 요일, 포함 옵션(조명/빔/음향 등)에 따라 7만~12만 원 선으로 책정했다.

이 구조의 장점은 세 가지였다.

① 공간 회전율이 높아졌고,
② 짧은 시간에도 예약이 가능해 접근성이 좋아졌으며,
③ 정기적 사용자를 유도할 수 있었다.

예상치 못한 효과도 있었다. 정기 대여를 한 팀이 커뮤니티를 만들었고, 그 커뮤니티가 다시 우리 공간의 충성 고객이 되었다. 공간은 단지 물리적 장소가 아니라, 관계가 자라는 '장소성'을 갖게 되었다.

3. 대여자는 '손님'이 아니라 '공동 기획자'다

우리는 공간을 빌리는 사람을 단순한 임차인으로 보지 않았다. 그들은 잠시 공간을 빌리지만, 결국 그 공간 안에서 '자신만의 이야기'를 만들고 가는 사람들이었다. 그래서 가능하면 이렇게 물었다. "어떤 분위기를 만들고 싶으세요?" "참여하는 분들이 어떤 경험을 하게 되면 좋을까요?" 이 질문 하나로 대화의 톤이 바뀌었다. 어떤 분은 빔프로젝터 대신 책장을 배경으로 두고 싶어 했고, 어떤 분은 클래식 음악을 틀어놓은 채 명상 클래스를 열었다. 우리는 최대한 그들의 기획을 도왔다. 테이블을 다시 배열하고, 조명을 조절하며, 때로는 입장 안내까지 맡았다. 그 결과, 단순한 대여료 이상의 '경험의 가치'가 쌓이기 시작했다.

4. 공간 대여는 브랜드 마케팅이다

넛지스의 공간 대여는 수익 모델인 동시에 입소문 마케팅의 핵심이었다. 대관으로 온 분들은 프로그램이 끝난 후 인스타그램에 공간 사진을 올렸고, 참여자들은 다시 공간에 대한 긍정적인 경험을 공유했다. 그들은 "어디서 이런 아늑한 공간을 찾았냐"며 묻고, 다시 새로운 대여 문의로 이어졌다.

한 번의 대관은, 그 자체로 다음 고객을 부른다. 이것이 바로 공간 대여의 마법이다. 돈을 받는 동시에 광고가 된다. 게다가 가장 진정성 있는 방식으로.

5. 정기 대관은 '안정 수익'이자 '함께 성장하는 파트너십'

특히 의미 있었던 것은 정기 대관이었다. 매주 수요일 저녁 요가 클래스를 여는 강사님, 매주 일요일 오전 아동 독서 코칭을 진행하는 선생님, 격주 금요일 저녁에 오픈살롱을 여는 코칭전문가 등. 그들은 단순히 공간을 쓰는 것이 아니라, 넛지스와 공동 성장하는 파트너였다. 프로그램 홍보를 함께 도왔고, 내부 회원에게 추천하기도 했다. 때로는 우리 공간의 공식 프로그램으로 연계되기도 했다. 정기 대관은 '대관자 수익 + 공간 수익'이 아닌, '함께 만드는 브랜드의 가치'로 환산된다.

6. 공간이 곧 미디어가 된다

넛지스는 공간 대관 이후, 또 하나의 실험을 시작했다.

기획형 대관 서비스. 단순히 빌려주는 것이 아니라, 공간이 함께 기획·운영·기록을 도와주는 형태였다.

예:

북토크를 열고 싶은 작가에게, 포스터 디자인 + 사전 신청 폼 + 행사 당일 운영 지원을 함께 제공.

기업에서 소규모 워크숍을 할 때, 프로그램 구성 + 점심 케이터링 + 분위기 연출까지 패키지 구성.

이 모델은 회당 50만~100만 원 이상의 고가이지만, 만족도가 높았다. 공간 자체가 '콘텐츠 제작자'가 되고, 대관자는 '기획자'가 된다. 그리고 그 기록은 다시 넛지스의 콘텐츠가 되어 쌓였다. 사진, 영상, 후기

글, 인터뷰 등. 공간은 곧 미디어가 되고, 기획자는 브랜드가 된다.

마무리하며

공간 대여는 단지 방 하나를 빌려주는 일이 아니다. 그 안에는 수많은 가능성이 자란다. 누군가에게는 첫 무대가 되고, 누군가에게는 새로운 직업이 되고, 또 누군가에게는 자기 표현의 도구가 된다. 넛지스 북카페는 공간을 열어 주면서 수익을 얻었고, 그보다 더 큰 것은 사람들의 신뢰와 관계를 얻었다. 그것이 바로 공간 대여의 마법이다. 공간은 물건이 아니고, 경험을 짓는 틀이다. 그리고 그 틀을 나눌 때, 진짜 가치는 생긴다.

멤버십은 단골을 만든다
– 반복되는 방문이 아니라, '함께하는 마음'을 설계하다

처음엔 자주 오는 손님에게 감사한 마음을 전하고 싶었다.

"자주 오시니까, 다음엔 음료 한 잔 서비스 드릴게요."
"이번에 책 모임 오시면 좌석 예약해 드릴게요."

작은 배려에서 시작된 것이 어느 순간, 하나의 질문으로 이어졌다.

"이 사람들과, 우리가 더 오래 함께하려면 어떤 구조가 필요할까?"

그 질문이 바로 넛지스북카페 멤버십 프로그램의 시작점이었다. 그리고 그것은 단골을 넘어, 브랜드의 팬을 만드는 여정이 되었다.

1. 할인보다 '소속'을 설계하라

많은 멤버십은 단순히 적립이나 할인으로 끝난다. 그러나 넛지스는 조금 다르게 접근했다. 할인이 아니라 소속감, 즉 "내가 이 공간의 일부다"라는 감정을 만들고 싶었다.

그래서 우리가 만든 멤버십은 이런 모습이었다:

이름: 넛지스 멤버스 클럽
대상: 월 3회 이상 방문자, 정기 모임/프로그램 참여자
가격: 월 3만 원 혹은 3개월 8만 원
혜택 구성:
음료 10% 할인
월 1회 무료 공간 대관(1시간)
정기모임 선우선 예약 및 할인
책 큐레이션·문화 이벤트 우선 참여 기회
멤버 전용 뉴스레터 및 커뮤니티 초대

핵심은 혜택보다 멤버십 자체가 하나의 커뮤니티 플랫폼이 된다는 점이다. 단골손님이 아니라, 같은 감도(感度)를 가진 사람들의 모임이 된 것이다.

2. 멤버십은 '작은 커뮤니티'를 잉태한다

멤버십 회원들끼리는 어느 순간 얼굴을 익혔고, 같은 책 모임, 같은 클래스에서 자주 마주쳤다. 그리고 자연스럽게 '친밀한 집단'이 형성되었다.

우리는 여기에 주목했다.

"이 모임들을 더 유기적으로 연결하면 어떨까?"

그래서 매 분기마다 멤버십 전용 이벤트를 기획했다.

예를 들어:
멤버스 와인 나잇: 북토크 후 와인을 곁들인 대화 모임
책장 나눔의 밤: 각자 소장 책 1권을 가져와 교환하는 행사
사장과의 티타임: 공간 운영자와의 소규모 대화

이런 이벤트는 'VIP 혜택'이라기보다는, "내가 이곳의 일부"라는 감정적 유대를 강화하는 도구였다.

3. 수치가 말해 주는 멤버십의 가치

멤버십 운영 6개월 후, 우리는 눈에 띄는 데이터를 얻게 되었다.

멤버십 회원의 월평균 방문 수: 7.1회
비회원 고객의 평균 재방문 간격: 17일
멤버십 회원의 재등록률(3개월 단위): 84%
멤버십 가입자의 63%가 공간 대관이나 유료 프로그램도 함께 이용

단순한 커피 판매보다 훨씬 강력한 LTV(고객 생애 가치)가 형성된 것이다. 그리고 멤버십 회원이 곧 공간의 전도사가 되었다. 그들은 자발적으로 프로그램을 홍보했고, SNS에서 공간을 소개했고, 지인을 데려왔다.

4. 브랜드와 함께 '성장하는 사람들'

멤버십이 단골을 만들고, 단골이 다시 공간을 확장시켰다. 어떤 멤버는 공간에서 책 모임을 시작했고, 어떤 멤버는 클래스 호스트가 되었으며, 또 어떤 멤버는 우리 공간에서 결혼식 전 사진을 찍었다.

이 모든 것이 가능했던 이유는 단 하나. "이 공간은 내 공간이다."라는 감정을 공유했기 때문이다. 그들이 우리를 소비한 것이 아니라, 함께 성장했다.

5. 멤버십 운영 팁 5가지

마지막으로, 실제 운영자 입장에서 얻은 실전 팁을 공유한다.

1) 가입 장벽을 낮추고, 경험 가치는 높여라
→ 체험 멤버십 1개월 도입, 첫 달 할인 운영

2) 혜택은 다양성보다 일관성이 중요하다
→ 매달 바꾸기보다 핵심 혜택은 유지

3) 오프라인 커뮤니케이션을 우선시하라
→ 가입자에게 손편지, 뉴스레터 프린트 제공

4) 멤버십 안에서도 소그룹을 만든다
→ '낮모임', '야밤책클럽' 등 성향별 소모임 운영

5) 공간의 '핵심 고객'으로 예우하라
→ 공간 예약 시 우선 배정, 아이디어 회의 시 의견 요청

마무리하며

멤버십은 더 많이 팔기 위한 전략이 아니다. 더 깊게 연결되기 위한 도구다.

카페를 넘어, 커뮤니티로 나아가고 싶다면 멤버십은 가장 현실적이면서도 감성적인 연결 방식이 된다.

"단골은 우연히 생기지 않는다. 단골은 설계되는 관계다."

카페보다 플랫폼으로 살아남기
– 단순한 공간을 넘어, 콘텐츠와 관계가 순환하는 시스템 만들기

하루는 손님 한 분이 조심스레 말을 건넸다.

"여기에서 매달 모임을 열고 싶은데, 카페이긴 하지만, 뭔가 계속 연결되는 곳 같아요."

그 말이 머릿속을 오래 맴돌았다.

"우리는 단순히 커피를 파는 카페인가? 아니면 사람과 콘텐츠가 이어지는 플랫폼인가?"

그 질문은 우리가 지금까지 해왔던 것들을 하나씩 점검하게 만들었다. 그리고 깨달았다. 우리는 이미 카페를 넘어서 플랫폼의 기능을 수행하고 있었다는 사실을.

1. '카페'는 머무는 곳, '플랫폼'은 연결하는 곳

카페는 보통 소비가 이루어지는 공간이다. 고객이 와서 음료를 사고, 잠시 머물다 나가면 끝. 하지만 플랫폼은 다르다. 고객이 콘텐츠를 경험하고, 관계를 맺고, 자신의 활동이 축적되고 확장된다.

우리가 운영하는 넛지스북카페는 커피와 공간만으로 돌아가는 구조가 아니었다.

북클럽을 통해 책을 읽고, 클래스에서 새로운 지식을 배우고, 행사에서 다른 사람들과 교류하며, 그 경험을 다시 공유하고, 또 새로운 사람들이 들어온다.

이 흐름은 단순한 소비가 아니라, 참여와 순환이었다. 우리는 그것을 '넛지스 플랫폼'이라고 부르기 시작했다.

2. 수익보다 '생태계'를 설계하다

처음엔 커피 매출과 공간 대여료가 수입의 전부였다.
하지만 시간이 흐르면서 공간을 기반으로 다양한 수익 모델이 생겨났다.

플랫폼 구성 요소	주요 활동	연결되는 수익
콘텐츠	책 큐레이션, 북토크, 프로그램 기획	기획비, 참가비
커뮤니티	독서모임, 정기 모임, 멤버십 운영	정기 구독료, 커뮤니티 대관
전문가 협업	강사, 교사, 작가, 연주자와 협업	수익 분배형 클래스, 이벤트 대관
미디어 확장	인스타그램, 뉴스레터, 블로그, 출판	후원, 제휴, 북상품화
브랜드 상품화	자체 제작 노트, 굿즈, 책 소개 서비스	굿즈 판매, 큐레이션 상품

플랫폼이란 이처럼 콘텐츠-사람-공간-수익이 유기적으로 연결되는 구조다. 즉, 누가 들어와도 자신의 방식으로 '참여'할 수 있는 토대를 만드는 것이 핵심이다.

3. 혼자 운영하지 않는다 – 플랫폼은 '공동운영자'를 만든다

넛지스북카페에는 내부 운영자 외에도 함께 움직이는 사람들이 있다.

매달 클래스를 여는 북멘토,
독서모임을 이끄는 큐레이터,
소규모 콘서트를 기획하는 음악가,
북토크를 기획하는 작가,
자신의 힐링 프로그램을 운영하는 상담가.

이들은 단순히 공간을 이용하는 고객이 아니라, 이 플랫폼의 공동 창작자이자 콘텐츠 생산자다. 우리는 이들과 수익을 나누고, 홍보를 함께하고, 피드백을 주고받으며 서로의 영역을 확장해 나갔다.

　플랫폼은 이렇게 협력자와 공동 기획자를 키운다.

4. 한 번의 방문이 아니라, '관계의 흐름'을 만든다

　카페에선 방문이 목적이지만, 플랫폼에선 관계의 흐름이 목적이다.

　예를 들어 한 고객이:

1) 책 모임에 참석 →
2) 멤버십에 가입 →
3) 자신의 북클럽을 운영 →
4) 클래스를 열고 수익화 →
5) 공간 대여자 혹은 공동 기획자로 성장

　이처럼 단 한 사람의 경험도 플랫폼 위에선 선순환의 흐름을 가진다. 우리는 고객을 소비자가 아닌 플랫폼의 일부이자 주체로 존중했다.

그렇게 해서 '손님'은 '사용자'가 되었고, 사용자는 '참여자'로, 참여자는 '공동 기획자'로 진화했다.

5. 브랜드는 결국 '플랫폼을 만든 사람들의 방식'이다

카페는 많다. 공간도 많다. 커피도 다 맛있다. 하지만 살아남는 곳은 다르다. 경쟁하지 않고 구분 짓는 유일한 방법은 '방식'에 있다.

우리는 이렇게 말하곤 한다.

"우리는 커피를 파는 게 아니라, 사람과 콘텐츠가 이어지는 방식을 판다."

그 방식이 쌓이면 정체성이 되고, 정체성은 곧 브랜드가 된다. 브랜드는 소비자가 알아보는 플랫폼의 약속이 된다.

마무리하며

카페로만 존재하면 언젠가 경쟁에 휘말린다. 공간이 넘쳐나는 시대, 커피 맛만으론 차별이 어렵다. 하지만 콘텐츠와 사람이 순환하는 플랫폼이 되면, 그 공간은 유일해진다.

　공간은 사라질 수 있지만, 플랫폼은 관계 속에서 살아남는다. 그래서 우리는 카페를 넘어 플랫폼으로 살아남기로 했다.

넛지스북카페 철학의 요약

　우리는 공간을 넘어서 관계를 만들고, 커피를 팔기보다 커뮤니티를 잇습니다.

　1) 우리는 '카페'가 아닌, '플랫폼'을 지향합니다
　단순히 커피를 마시고 떠나는 공간이 아니라 사람과 콘텐츠가 연결되고, 함께하는 경험이 축적되는 플랫폼을 만듭니다.

　2) 우리는 '단골'이 아닌 '참여자'를 기다립니다
　지나가는 손님이 아닌, 다시 돌아오고, 머물고, 함께 만드는 사람을 위해 모임, 클래스, 협업 기회를 설계합니다.

　3) 우리는 '소비'보다 '순환'을 중시합니다
　공간을 소비하는 것으로 끝나는 것이 아니라 고객이 경험을 생산자가 되고, 다른 사람에게 영향을 주는 구조를 만듭니다.

4) 우리는 '운영자'가 아니라 '공동기획자'를 키웁니다

함께 책을 고르고, 프로그램을 기획하고, 이야기를 나누는 사람들과 공간을 공동 창작의 장으로 확장합니다.

5) 우리는 '콘텐츠가 흐르는 공간'을 꿈꿉니다

좋은 책, 깊이 있는 대화, 의미 있는 모임이 공간 안에서 멈추지 않고 사람을 따라 이어지고, 도시를 따라 퍼지게 합니다.

6) 우리는 '경쟁'보다 '방식'을 선택합니다

더 싸게, 더 빠르게, 더 화려하게 경쟁하는 대신 우리만의 사람 중심 운영 방식을 정직하게 지켜 냅니다. 그것이 곧 브랜드의 철학이자 생존 방식입니다.

7) 우리는 '머물 수 있는 삶의 리듬'을 제안합니다.

빠르게 소비되고 흘러가는 세상 속에서, 잠시 멈춰 읽고, 나누고, 연결되는 삶의 속도를 제안하는 플랫폼이 되고자 합니다.

넛지스북카페는 공간이자 콘텐츠 플랫폼이며, 커뮤니티이자 당신의 두 번째 책장이며, 지금보다 더 깊이 있는 삶을 위한 실험실입니다.

6장

브랜딩은 결국 사람의 이야기다

— 공간 이름에 담긴 철학

어떤 손님은 문을 열고 들어오자마자 이렇게 물었다.

"넛지스북카페, 이름이 참 독특하네요. 무슨 뜻이에요?"

그 질문을 받을 때마다 나는 잠시 웃고, 이렇게 대답하곤 한다.

"넛지(Nudge)라는 말, 들어 보셨어요? 작은 개입으로도 사람의 삶이 바뀔 수 있다는, 그런 뜻이에요."

사실, '넛지스북카페'라는 이름엔 단지 공간의 이름이 아니라, 내가 믿는 삶의 방식이 담겨 있다.

1. '넛지'라는 말, 그리고 우리의 방식

'넛지(nudge)'는 행동경제학에서 나온 개념이다. 사람의 선택을 강요하지 않으면서도, 작은 제안이나 구조적 설계로 보다 좋은 선택을 하도록 도와주는 방식.

우리는 이 철학을 공간에 그대로 적용하고 싶었다. 강요하지 않되, 영감은 주는 공간. 강연장이 아니지만 배움이 일어나는 공간. 커피를 마시러 왔다가, 나를 돌아보게 되는 공간.

넛지(Nudge)는 이 모든 철학의 출발점이었다. 그리고 그 복수형인 넛지스(Nudges)는 우리가 공간을 통해 전하고자 하는 작지만 지속적인 변화의 축적을 의미했다.

2. '북카페'라는 말에 담긴 확장

넛지스북카페는 단순한 카페도, 정적인 독서실도 아니다.

책이 중심에 있지만, 책만 읽는 곳이 아니라 책을 매개로 사람이 연결되고, 대화가 흐르고, 콘텐츠가 살아 움직이는 공간이다.

그래서 '북카페'라는 단어를 그대로 유지했다. 북(book)은 콘텐츠의 시작이고, 카페(café)는 커뮤니티의 시작이기 때문이다.

'북카페'라는 단어는 책과 사람이 만나는 구조를 가장 자연스럽게 품고 있었다.

3. 이름은 공간의 첫 인사이자 마지막 인상이다

이름은 간판 그 이상이다. 공간을 기억하게 하는 첫 문장이고, 이 공간이 나에게 어떤 태도를 갖고 있는지 알려 주는 메시지다.

'넛지스북카페'라는 이름은 단 한 번의 소비보다, 오래 곁에 남는 사유의 기회를 만들고 싶다는 마음에서 비롯됐다.

커피 한 잔도, 대화 한마디도, 작은 넛지(nudge)가 될 수 있다면. 그것이 이 공간의 존재 이유일 것이다.

4. 브랜드는 결국 사람의 방식에서 나온다

브랜딩이란 거창한 로고나 마케팅 언어가 아니다. 브랜딩이란, 내가 공간을 대하는 태도, 고객을 맞는 말투, 책을 고르는 기준, 행사를 기획하는 감각, 무언가를 거절하는 정중함. 이 모든 것에서 만들어진다.

그래서 우리는 어느 순간부터 "우리 브랜드를 이렇게 해야지"라고 정하지 않았다. 우리가 진짜 하고 싶은 방식으로 일했을 뿐이다.

그러자 공간의 감도, 고객의 말투, SNS의 피드백까지 자연스레 브랜드로 굳어졌다.

5. 이름을 지을 때, 철학도 함께 심어라

어떤 이름이든 괜찮다. 하지만 그 이름에 당신이 진심을 담았다면, 그 이름은 브랜드가 된다.

당신이 추구하는 삶의 태도는 무엇인가? 이 공간이 존재해야 할 이유는 무엇인가? 이 이름을 처음 듣는 이에게, 어떤 질문을 던지고 싶은가?

이 질문에 답할 수 있다면, 그 이름은 결국 사람을 움직이는 이야기가 된다.

6. 한 사람의 이야기가, 브랜드가 된다

브랜드란 결국 사람의 이야기다. 그리고 그 이야기는 꾸며 내는 것이 아니라, 매일 공간을 열고 닫는 나의 선택에서 만들어진다.

"브랜딩은 말이 아니라 방식이다."

이 말처럼, 나의 방식이 누군가에게 의미 있게 다가갈 때, 브랜드는 그 순간 태어나는 것이다.

넛지스북카페의 이름은 작고 조용하지만 확실한 변화를 믿는 우리의 이야기이자 약속이다.

넛지스북카페 이름 철학 한 줄 요약

"당신의 하루에 작은 넛지 하나, 그게 우리 공간의 존재 이유입니다."

감성보다 명확함이 먼저다
— 공간의 감정은 '신뢰 위의 설명력'에서 완성된다

처음에는 '감성'이 전부라고 생각했다. 따뜻한 조명, 책 냄새, 커피 향, 잔잔한 음악, 그리고 "이런 곳이 있다는 게 감사해요."라는 손님의 말.

그 말이 주는 감동에 취해 '분위기만 좋으면 공간은 사랑받는다'고 믿었다.

하지만 시간이 지나며 알게 되었다. 그 감동을 오래 유지시키는 건 '감성'이 아니라 명확함, 즉 설명력과 설계력이었다는 것을.

1. 감성은 사람을 끌어오지만, 명확함이 사람을 남긴다

'예쁜 공간'은 많다. '분위기 좋은 곳'도 많다. 하지만 사람이 반복해서 오는 공간은 다르다.

왜 이 책이 여기에 있는지, 왜 이 모임은 이런 방식으로 운영되는지, 왜 이 가격인지, 왜 이 공간은 '나를 존중한다'고 느껴지는지…

이 모든 질문에 명확하게 답할 수 있을 때, 사람은 감성을 넘어서 신뢰를 느낀다. 신뢰는 감정보다 오래간다.

2. 사람은 '이해되는 공간'을 좋아한다

공간이 어떤 철학을 지녔는지
프로그램은 어떤 방식으로 기획되는지
누구를 위한 모임인지
어떤 가치를 중심으로 운영되는지

이것이 명확하게 정리되어 있어야 사람은 불안하지 않고, 오해하지 않으며, 스스로 그 공간에 어떻게 머물지 결정할 수 있다.

그래서 우리는 벽면에 작게 적어 두었다.

"이곳은 북큐레이션 중심 커뮤니티 공간입니다. 조용한 독서보다는, 대화와 연결을 중심으로 설계되어 있습니다."

딱 한 줄의 설명이, 모든 기대 충돌을 사전에 조율해 주었다.

3. "좋아 보이는데 애매한 공간"은 기억되지 않는다

감성에만 집중한 공간의 흔한 문제는 이렇다:

예쁘지만 뭐 하는 곳인지 모르겠는 곳
아늑하지만 어떤 모임이 있는지 알 수 없는 곳
매력적이지만 내가 들어가도 되는지 모호한 곳

'좋지만 애매한 공간'은 결국 낯설다. 낯선 공간은 오래 머물 수 없다.

반대로, 감성은 조금 부족해도 명확한 기준과 언어가 있는 공간은 사람을 안심시킨다.

4. '애매함'은 불친절과 같다

모임 시간은 명확한가?
참가비는 왜 이 가격인가?
멤버십은 어떤 혜택이 있고, 왜 그렇게 구성되었는가?
취소나 환불 기준은?

이 모든 것은 고객이 당연히 궁금해할 수 있는 내용이고, 선명하게 전달되어야 고객이 신뢰한다.

'말 안 해도 알겠지'는 작은 공간 운영자들이 가장 많이 저지르는 착각이다. 브랜드는 말하지 않으면 존재하지 않는 것과 같다.

5. 설명력 있는 공간은 믿음을 준다

한 번은 멤버십 회원이 이렇게 말했다.

"여긴 그냥 감성만 추구하는 데가 아니라, 내가 왜 여기서 시간을 쓰는지 설명이 되는 곳이에요."

그 말이 내게 중요한 인사이트를 줬다. 우리가 고객에게 주고 싶은 건 '분위기'만이 아니라, 이 공간에 머물 이유를 설명할 수 있는 기획력이라는 것.

클래스마다 목적과 레벨을 정리하고 독서모임마다 타깃 독자를 명시하며 모임별 후기, 규칙, 철학을 공지하고 모든 프로그램은 기획서로 보관하고 공유했다.

이런 '명확함의 총합'이 브랜드에 대한 신뢰로 연결됐다.

6. 감성은 언젠가 흩어지지만, 명확함은 기준이 된다

트렌드는 바뀌고, 감성은 유행을 탄다. 하지만 우리가 지켜야 할 브랜드의 방향성은 쉽게 흐려지면 안 된다.

어떤 콘텐츠를 고를 것인가?
어떤 파트너와 협업할 것인가?
이 공간은 누구에게 열려 있고, 누구에겐 열려 있지 않은가?

이 모든 판단은 '명확한 기준'이 있을 때 일관될 수 있다. 기준은 곧 브랜드의 중심이다.

7. 감성은 감동을 주고, 명확함은 신뢰를 준다

사람은 감성으로 공간을 기억하지만 명확함으로 다시 방문한다.

좋은 감정은 인상을 남기고, 명확한 구조는 행동을 유도하고, 두 가지가 어우러질 때, 공간은 사랑받는다.

결국 운영자가 해야 할 일은 "분위기와 시스템을 동시에 설계하는 것"이다.

마무리하며

감성은 브랜드의 표정이고, 명확함은 브랜드의 목소리다.

표정은 이끌지만, 목소리는 머물게 한다.

우리는 그렇게 '예쁘기만 한 공간'이 아닌 '이해되고 신뢰받는 공간'을 지향한다.

SNS, 진짜 고객을 만나는 창
— 온라인은 가상의 세계가 아니라, 진짜 고객의 '프롤로그'다

처음에는 SNS가 '홍보용 도구'라고만 생각했다. 예쁘게 찍은 사진, 공지용 텍스트, 행사 홍보 배너 몇 개. 그걸로 충분하다고 여겼다. 하지만 어느 날, 한 손님의 말을 듣고 생각이 완전히 바뀌었다.

"사실 여기 오기 전 한 달 동안 인스타그램만 봤어요. 어떤 분위기인지, 어떤 책을 읽는지, 어떤 사람이 오는지… 매일 봤어요. 그래서 여길 믿게 됐어요."

그 말을 듣고 알게 됐다. SNS는 공간에 오기 전, 가장 먼저 들어오는 문이라는 것을.

1. SNS는 '소통 도구'가 아닌 '공간의 확장판'이다

SNS는 단지 온라인 홍보 수단이 아니다. 이 공간이 어떤 세계관을 가지고 있는지, 어떤 감도와 감성을 지향하는지, 무엇을 가치 있게 여기는지를 보여 주는 두 번째 공간이다.

실제로 많은 고객은 공간보다 먼저 인스타그램에 방문한다. 그리고 매장보다 더 오래 머문다.

SNS의 피드는 우리가 보여 주는 '전시'이고, 스토리는 우리의 '일상'이고, 댓글과 메시지는 고객의 '반응'이다.

이 모든 것이 합쳐져 SNS는 단순한 홍보가 아닌 브랜드 신뢰를 만드는 무형의 공간이 된다.

2. 좋아요보다 중요한 것은 '맥락'이다

많은 공간 운영자들이 팔로워 수나 좋아요 수에 매몰된다. 하지만 공간 브랜드는 숫자로 평가되지 않는다. 진짜 중요한 건, 우리 콘텐츠가 누구에게, 왜 닿았는가이다.

예를 들어, 한 권의 책을 소개하며 쓴 글에 누군가 댓글을 남긴다.

"이 책 덕분에 오늘 하루가 버틸 만해졌어요."

그 한 줄의 반응이, 이 공간이 '진짜 누군가의 삶에 개입했다'는 증거다.

브랜딩이란 결국 관계다. SNS는 그 관계가 시작되는 프롤로그다.

3. 꾸며 낸 감성보다, 진짜 기록이 사람을 끌어당긴다

인스타그램에서 가장 반응이 좋았던 포스트는 잘 찍은 커피 사진도, 예쁜 인테리어도 아니었다.

- 책 모임에서 나온 한 문장의 기록
- 공간에 붙인 손글씨 안내문
- 손님이 남긴 후기 메모
- 북클럽 멤버들의 웃는 사진과 짧은 이야기

이런 진짜 기록이 사람들의 마음을 움직였다. 감성 콘텐츠보다 중요한 건 진정성 있는 문장과 맥락이다.

"오늘은 어떤 이야기가 있었나요?"

그 물음에 대답하듯, 우리는 매일 SNS에 '기록'을 올린다.

4. SNS는 '우리다운 말투'로 말하는 곳이다

공간의 분위기를 전하는 건 사진보다 '문장'이고, 비주얼보다 '톤'이다.

넛지스북카페의 SNS는 절대 화려하지 않지만 일관된 말투와 속도, 감도를 유지한다.

빠르게 알리지 않는다. 차분히 설명한다. 사람을 끌어오려 하지 않는다. 곁에 있고 싶게 만든다. 단어 하나에도 공간의 태도를 담는다. (예: '모집합니다' 대신 '함께할 분을 기다립니다')

이런 말투는 브랜드의 분위기를 만들고, 고객이 신뢰할 수 있는 일관성을 구축한다.

5. 메시지를 남기는 사람이 곧 우리 고객이다

DM(다이렉트 메시지)은 짧고 사소해 보인다. 하지만 그 안에는 고객의 진심이 담겨 있다.

"이 공간에 혼자 가도 괜찮을까요?"
"혹시 책 모임 초보도 참여 가능한가요?"
"오늘 다녀왔어요. 다음에 또 올게요."

이런 질문과 후기는 공간에 대한 기대, 긴장, 그리고 신뢰의 표현이다.

DM에 정성스럽게, 빠르게, 존중하는 어조로 답하는 것. 그 자체가 고객 경험의 첫 단계다.

SNS는 나를 보여 주는 동시에, 고객을 듣는 창이다. 브랜딩의 핵심은 일방향 소통이 아닌, 상호작용이다. SNS에서 우리는 고객의 언어, 감정, 반응을 배운다.

어떤 콘텐츠에 반응이 오는가?
어떤 문장에 댓글이 달리는가?
어떤 이야기를 다시 공유해 주는가?

이런 데이터는 단지 반응을 보는 게 아니라, 공간 기획의 방향성을 잡는 나침반이 된다.

6. SNS는 매출을 일으키기보다, 관계를 쌓는 곳이다

물론 SNS는 마케팅의 수단이 될 수 있다. 하지만 넛지스북카페는 '팔기 위해'보다는, '기억되기 위해' SNS를 사용한다.

1일 방문객보다, 1년 후에도 기억하는 고객
이벤트 참여보다, 일상 속 신뢰를 느끼는 팔로워
단골보다, '우리 공간의 일부'가 된 공동 기획자

관계의 깊이는 좋아요 수가 아니라, 다시 찾아오는 마음으로 측정된다.

마무리하며

SNS는 광고가 아니라 초대장이다.

"여긴 이런 공간이에요. 이런 속도, 이런 가치, 이런 사람들과 함께 있어요."

 그렇게 매일 조용히 초대장을 보내다 보면 언젠가 진짜 손님이 그 문을 열고 들어온다.

나를 드러내는 용기
— 공간의 얼굴은 결국 '운영자의 진심'이다

공간을 연다는 것은 단순히 장소를 여는 것이 아니다.

그건 결국 자신을 여는 일이다. 내가 어떤 사람인지,
어떤 세계를 만들고 싶은지, 무엇을 중요하게 생각하는지… 그 모든
걸 고스란히 공간 안에 드러내는 것이다.

그러기에, 가장 먼저 필요한 건 '나를 드러내는 용기'다.

1. 나를 숨기면, 공간도 모호해진다

초기에 나는 조심스러웠다. 운영자의 얼굴을 내세우지 않고, 중립적인 분위기만 연출하려 했다. 사람들에게 훈수 두는 것처럼 보일까 봐,

'너무 개인적'이라는 인상을 줄까 봐 거리를 둬야 전문성이 생긴다고 생각해서.

하지만 점점 깨달았다. 운영자가 보이지 않는 공간은, 정체성도 흐려진다. 누가, 왜, 어떤 마음으로 이 공간을 만들었는지 모르면 공간은 브랜드가 아닌 '익명의 장소'가 된다.

2. 진짜 단골은 공간보다 사람을 기억한다

한 손님이 나에게 이렇게 말했다.

"사실 저는 이 공간도 좋지만, 대표님의 말투랑 태도를 믿게 돼서 자주 와요."

그 말은 나에게 중요한 전환점이었다. 사람은 공간을 소비하기 전에, 사람을 신뢰한다. 브랜드는 결국 운영자의 성향과 가치관이 만들어 낸 분위기이기 때문이다.

그래서 나는 어느 순간부터 의식적으로 운영자의 철학과 태도를 공간 안에 담기 시작했다.

책 큐레이션에 나의 시선을 담고 SNS 피드에 내 일상을 기록하고 모임에서 질문을 던지고, 내 이야기를 먼저 꺼냈다.

그렇게 '나'를 드러냈을 때, 공간은 사람들에게 더 개인적이고 진심어린 연결의 장소가 되었다.

3. "저는 이런 사람이에요"라고 말하는 일

'드러낸다'는 것은 대단한 고백이 아니라, 그저 내가 어떤 사람인지 설명할 수 있는 것이다.

어떤 책을 좋아하는지
무엇을 불편해하는지
어떤 문장을 좋아하고,
어떤 경험을 가치 있다고 여기는지

이런 단편적인 이야기들이 쌓여 사람들은 '이 공간이 내 취향과 맞는지'를 판단한다.

즉, '나를 드러낸다'는 것은 고객이 나와 나의 공간을 선택할 수 있도록 기준을 제공하는 일이다.

4. 감동보다 '공감'이 중요하다

사람들은 드라마틱한 서사보다 조금 서툴고 솔직한 이야기에 더 많이 반응한다.

"사실 저도 이 책 처음 읽었을 땐 이해가 안 됐어요."
"저는 아직도 모임 진행이 떨려요."
"오늘은 일이 꼬여서 커피가 좀 탔습니다. 죄송해요."

이런 일상적 고백이 공간을 더 사람 냄새 나게 하고, 고객을 더 주체적인 공동체의 일원처럼 느끼게 만든다.

운영자의 취약한 지점은 브랜드의 결점이 아니라, 관계의 문이 된다.

5. 내가 기준이 될 때, 고객도 기준을 갖는다

운영자가 자기 철학을 말하지 않으면 고객은 혼란스러워진다. 모든 게 가능해 보이지만, 아무것도 명확하지 않다.

반대로 운영자가 '이런 방향으로 공간을 운영합니다'라고 말하면 고객도 자신이 그 안에서 어떤 태도를 취해야 할지 알게 된다.

"여긴 조용한 책방이 아니라, 대화를 나누는 북카페예요."
"책을 잘 읽는 사람보다, 질문을 던지는 사람이 더 소중해요."
"이곳은 커피 맛보다 사람 간의 연결에 집중합니다."

이런 문장 하나하나가 공간의 철학이자, 브랜드의 언어가 된다.

6. 나를 드러낼수록, 진짜 고객이 찾아온다

진정성은 필터링 기능을 가진다. 나의 언어, 나의 말투, 나의 취향이 자연스럽게 맞는 사람을 끌어들이고, 안 맞는 사람을 걸러 준다.

"여긴 저랑 잘 맞는 공간이에요."
"딱 제가 원하던 분위기예요."

이런 말은 '내가 드러난 만큼, 나와 맞는 사람들이 온다'는 증거다. 드러냄은 두려움이 아니라, 선별의 지혜가 된다.

마무리하며

공간을 만든다는 건 결국 '내가 어떤 세계를 꿈꾸는지' 세상에 보여주는 일이다. 그 세계를 말로 표현하고, 얼굴로 나타내고, 행동으로 실천하는 것.

브랜딩의 본질은 결국 '나를 드러내는 용기'에서 시작된다.

나의 서사가 브랜드가 되는 순간
― 과거를 품고, 선한 영향력이 되기까지

나는 한때 인생의 실패를 크게 경험했던 사람이다. 그 사실을 숨기고 싶은 날도 있었고, 시간이 모든 걸 덮어 주길 바란 적도 있었다.

하지만 그런 나에게도 어딘가에서 다시 살아 보고 싶다는 마음이 찾아왔다.

그 마음은 더 이상 회피로는 채워지지 않았다. 오히려 누군가에게 작은 도움이 되는 삶을 살고 싶다는 간절한 열망으로 바뀌었다.

1) 실패는 내 브랜드의 흠이 아니라, 뿌리였다.

나는 오랫동안 '그 과거의 실패로 인해 아무것도 시작할 수 없을 거야'라고 생각했다. 그래서 조용히, 눈에 띄지 않게 움직이려 했다.

하지만 사람들은 완벽한 브랜드보다, 진짜 사람을 원했다. 단정하고 매끄러운 공간보다, 누군가의 변화와 성장의 흔적이 남아 있는 공간에 마음을 열었다.

나는 그제야 깨달았다. 내 실패는 브랜드의 흠집이 아니라, 뿌리일 수 있다는 것을.

2) 내 이야기를 숨기지 않기로 했다.

공간을 만든다는 것은 결국 세상에 "나는 이런 사람이 되고 싶습니다"라고 말하는 일이었다.

나는 더 이상 과거를 지우려 하지 않았다. 그 대신, 이렇게 말하기로 했다.

"저는 한때 사람들에게 상처를 주는 사람이었습니다. 하지만 그 일을 통해 타인의 고통과 침묵이 얼마나 무거운지 알게 되었습니다. 그래서 지금은, 누군가에게 안전한 공간이 되고 싶습니다."

이 이야기를 꺼내는 데에는 용기가 필요했지만, 이 고백이 브랜드의 뼈대가 되었다.

3) 나는 '선한 영향력'이라는 새로운 이야기의 주인공이 되기로 했다.

이 공간은 단지 책을 읽고, 커피를 마시는 곳이 아니다. 다시 살아 보려는 마음들이 모이는 곳이다. 상처를 견디며 살아온 사람들이 조금씩 다시 연결되고, 위로받고, 자신의 언어를 되찾는 작은 공동체다.

그리고 그 중심에는 과거를 감추지 않고, 변화를 선택한 한 사람이 있다.

"그 사람이 만든 공간이라면 나도 안심하고 내 마음을 꺼내도 되겠구나."

나는 그런 신뢰를 주는 운영자가 되고 싶었다.

4) 나의 서사는 곧 이 공간의 메시지다.

이제 나는 두려워하지 않는다. 내 이야기가 이 공간의 가장 중요한 브랜드 자산이라는 걸 알기 때문이다.

한때 실수했지만, 지금은 따뜻한 공동체를 만들고자 하는 사람. 사람의 가능성을 믿으며, 다시 시작하는 사람. 감추지 않고, 연결되기를 택한 사람.

이 정체성은 브랜딩 문구나 로고보다 강력한 메시지였다. 내 서사는 사람들에게 희망의 가능성을 상기시키는 장치가 되었다.

5) "브랜드는 결국 사람의 서사다."

이제는 말할 수 있다.

나의 과거와 회복, 그리고 지금 이 순간까지의 이야기가 이 공간을 특별하게 만들었다고.

그리고 이 이야기에 감응한 사람들이 다시 나의 브랜드의 일부가 되어 또 다른 선한 영향력을 만들어 가고 있다고.

나는 단지 공간을 기획한 사람이 아니다. 사람과 사람 사이의 회복을 기획한 사람이다.

마무리하며

나는 과거를 부정하지 않는다. 오히려 그것이 있었기에 지금의 공간,

지금의 철학, 지금의 나를 만들 수 있었다.

　내 브랜드는 나의 서사다.

　나의 진심이 브랜드가 되고, 그 브랜드가 또 누군가의 새로운 이야기를 시작하게 하는 것.

　이것이 내가 공간을 여는 이유이고, 세상과 다시 연결되는 방식이다.

7장

위기의 순간들, 그리고 선택

조용한 계절,
매출 급감의 정면 돌파기

1. 무언가 이상하다고 느낀 건, 냉장고가 덜 찼을 때였다

매주 금요일이면 나는 납품 리스트를 작성하며 냉장고를 채운다. 손님 수, 음료 재료, 디저트 소진율까지 계산하는 건 이제 감각처럼 몸에 익었기에 조금만 어긋나도 바로 눈치챌 수 있다.

그런데 어느 날, 아무리 봐도 발주량이 줄고 있었다. 냉장고는 멀쩡했지만, 냉기가 없었다. 공간 전체가 차갑게 느껴졌다.

2. 손님의 부재는 곧 존재의 흔들림이었다

그 즈음, 하루 매출은 8만 원대로 떨어졌다. 주말에도 '예약 없음' 알림이 떴고, 내가 만들어 두었던 프로그램, 모임, 전시 기획도 줄줄이 취소됐다.

처음엔 '비수기'라 위안했지만, 마음 한 켠은 조용히 침몰 중이었다.

"사람들이 나를 필요로 하지 않는 걸까?"
"내 공간이 끝난 걸까?"

눈치껏 외면한 채 걸었던 조명은, 그날따라 유난히 차가워 보였다.

3. 숫자가 아니라, 나 자신이 무너졌다

누구도 탓할 수 없었다. 오픈 후 맞이한 첫 여름, 모두가 외출을 즐기는 시즌이었다. 그러나 이상했다. 우리 공간만 유난히 조용했다.

'좋은 공간을 만든다고 다 오는 게 아니구나.'

이 간단한 문장이 그땐 칼처럼 날카로웠다.

4. 나는 두 가지 갈림길 앞에 섰다

하나는 줄이기였다. 운영 시간 단축, 직원 시간 조정, 행사 축소, 콘텐츠 제작 중단. 이건 안전한 선택이었다. 하지만 안전한 만큼, 나를 더 작게 만드는 선택이기도 했다.

다른 하나는 꺼내기였다. 내 감정, 지금의 상황, 공간을 만드는 진심, 그리고 계속하려는 이유. 불안하지만 솔직한 대화를 시작해 보는 일. 그건 운영이 아니라 존재를 드러내는 선택이었다.

5. 결국 나는, '진심'을 꺼냈다

하루는 앉은 자리에서 폰을 켰다. SNS에 적었다.

"요즘 우리 공간이 조금 조용해요. 문을 열어 두면 가끔 허전하지만, 이 계절을 지나고 나면 다시 북적일 거라 믿어요. 그러니 오늘도 커피를 내립니다. 혹시 이 공간을 기억해 주신다면, 잠깐이라도 들러 주세요."

이 한 문장에 몇 개의 댓글이 달렸다. 그중 하나는 이랬다.

"나도 마음이 지쳤는데, 그 말을 들으니 다시 나가고 싶어졌어요. 곧 갈게요."

6. 그 후, 연결의 속도가 달라졌다

그때부터 나는 공간을 다시 '포장'하지 않았다. 있는 그대로의 흐름, 계절, 감정, 쉼까지 콘텐츠로 공유했다. 매출이 떨어졌다고 숨기지 않았고, 휴업이 필요하면 이유를 설명했다.

그러자, 사람들도 단지 커피나 책이 아니라 "공간의 흐름에 참여한다"는 감각으로 찾아왔다.

한 고객은 "당신의 글을 읽으러 온다"고 말했다. 또 다른 분은 "나도 요즘 조용한 계절 중"이라며 자리에 앉았다. 매출은 빠르게 회복되진 않았지만, 관계는 더 깊어졌다.

7. 위기 이후, 공간의 결이 달라졌다

나는 알게 되었다. 위기는 도망갈 수 없고, 숨길수록 더 무섭다. 그러나 드러낼 때, 그것이 연결의 시작이 된다.

그리고 이 공간은 더 이상 '사람이 많고 적음'으로 판단되지 않았다. 누가 함께 있었느냐가 더 중요한 질문이 되었다.

8. 위기의 계절은 지금도 오지만, 다르게 마주한다

지금도 조용한 날은 있다. 모임이 없는 주말, 예약 없는 화요일 오후, 가끔은 하루 한 잔도 팔리지 않는 날.

하지만 나는 그 고요를 무섭게 여기지 않는다. 이제 그 고요를 '잠깐의 숨'이라 부른다. 숨 고르기, 균형 잡기, 다시 출발하기 전의 멈춤.

마무리하며

위기의 순간은 반드시 온다. 그러나, 어떤 선택을 하느냐에 따라 그 계절은 단순한 위기가 아니라 브랜드의 핵심 철학으로 바뀐다.

나는 고요한 계절 덕분에 이 공간이 '숫자'보다 '사람'을 향한다는 걸 배웠다.

그러니 다음 조용한 계절이 온다 해도, 나는 두려워하지 않을 것이다. 이미 한 번 선택했고, 그 선택이 공간을 단단하게 만들었기 때문에.

직원과의 갈등
― 함께 일한다는 것의 본질: 갈등, 그리고 '원팀'이 되기까지

1. 시작은 언제나 '한 사람'이었다

그날도 그랬다. 대학원에서 듣던 수업 시간, 나는 그저 조용히 강의에 집중하고 있었고, 그녀는 반짝이는 눈으로 발표자를 따라가며 메모하고 있었다.

그 순간 느꼈다.

"이 사람은 뭔가 다르다."

그건 이론이나 학력이 아니라 태도에서 오는 직관 같은 것이었다.

그래서 수업이 끝난 뒤, 조심스럽게 말을 걸었다.

"혹시 저희가 기획 중인 콘텐츠에 한번 참여해 보지 않으시겠어요?"

그녀는 놀라며 웃었고, "좋아요, 저도 무언가 함께 해 보고 싶었어요"라며 바로 수락했다.

나중에 알게 된 사실. 그녀는 미스코리아 제주 선 출신이었다. 화려한 타이틀보다 감동적이었던 건 그 타이틀을 내세우지 않고, 묵묵히 역할을 해내려는 자세였다.

2. 그리고 또 다른 날, 또 다른 인연

이번엔 독서모임에서였다. 책을 소개하던 중, 한 분이 유난히 진지하게 고개를 끄덕이며 노트에 무언가를 적고 있었다.

끝나고 나서 나에게 와 말했다.

"이 공간, 진심이 느껴졌어요. 도움이 될 일이 있으면 말씀해 주세요."

그는 유치원 교사였다. 아이들을 다루는 데서 기른 감수성과 리더십, 타인을 배려하는 성향이 몸에 밴 사람이었다.

작은 행사 하나를 도우며 시작한 그는 점점 더 깊이 공간에 녹아들었고, 이후에는 우리 팀의 중심축이 되었다.

3. 그러나, 갈등은 피할 수 없었다

처음 팀이 구성됐을 때 우리는 완벽했다. 에너지가 넘쳤고, 작은 일에도 열정적으로 움직였다.

하지만 시간이 지나면서, 의사결정의 방식, 책임 분담, 업무 스타일에서 차이가 드러났다.

"대표님이 다 정하시면 되는 거 아닌가요?"
"왜 이렇게 꼼꼼하게 피드백을 주시죠?"
"그냥 감정 노동이 느껴질 때가 있어요."

그 말들에 나는 흔들렸다. 나는 함께 꿈꾸는 동료를 만들고 싶었는데, 그들은 '대표와 직원'이라는 구조로 날 보고 있었던 건 아닐까?

4. 솔직함이 용기가 되기까지

나는 어느 날 밤, 깊은 고민 끝에 메시지를 보냈다.

"우리가 서로를 동료로 믿는다면, 갈등도 함께 다룰 수 있어야 하지 않을까요? 저는 여러분을 '일하는 사람'으로 보지 않아요. 함께 이 공간을 짓는 사람이라고 생각해요."

그 메시지에 다음 날, 그가 답했다.

"사실 저도 혼란스러웠어요. 일처럼 할 수는 없다는 걸 느꼈거든요. 이제야 저도 마음을 내 볼게요. 함께 만들어 가고 싶어요."

5. 그날 이후, 우리는 '원팀'이 되었다

우리는 역할을 정리했다. 권한을 분산했고, 브랜드의 가치에 대해 끝없이 대화했다.

"이 공간은 누구를 위한 공간인가?"
"돈보다 먼저 지켜야 할 것은 무엇인가?"

"내 이름이 아닌 '우리 이름'으로 콘텐츠를 만드는 이유는?"

점점 우리는 고용주와 고용인의 관계를 넘어, 같은 철학을 공유하는 동료이자 창작자가 되었다.

그 중심엔, 처음 수업 시간에 눈빛이 반짝이던 그 친구가 있었고, 아이들을 대하듯 따뜻하게 공간을 보듬는 교사가 있었다.

그들은 지금도 나와 가장 중요한 결정을 함께 하는 사람들이다.

6. 진짜 팀은 '좋을 때'가 아니라 '어려울 때' 탄생한다

갈등은 무섭다. 하지만 피하지 않고 마주했기에 우리는 서로의 진심을 더 빨리 만날 수 있었다.

같이 울고, 같이 화내고, 같이 포기하지 않기. 이것이 우리가 합의한 팀워크의 철학이었다.

마무리하며

사람은 브랜드의 가장 깊은 뿌리다. 화려한 이력도, 성실함도 중요하지만 결국 공간을 지탱하는 건 같은 방향을 바라보는 '진심 있는 동료들'이었다.

나는 지금도 공간을 열며 생각한다.

"이 사람들과 일할 수 있어서 참 다행이다."

그 말이 진심이 되기까지, 수많은 밤의 갈등과 선택이 있었지만 그 덕분에 우리는 진짜 '원팀'이 되었다.

팀워크가 브랜드에 미치는 영향
– 함께 일하는 방식이 브랜드의 얼굴이 된다.

1. 브랜드는 결국 '보이는 것'이 아니라 '느껴지는 것'

공간에 처음 들어온 손님들은 종종 이렇게 말한다.

"여기는 뭔가 다르게 편해요."
"직원들이 진짜 이 공간을 좋아하는 게 느껴져요."
"기분이 좋아지는 에너지가 있어요."

그럴 때마다 나는 생각한다. 그 '느낌'은 인테리어도, 조명도, 커피 맛도 아닌, 함께 일하는 사람들 사이의 공기에서 비롯된다는 것.

브랜드는 결국 '전달되는 감정'이다. 고객은 우리가 어떤 팀워크로 일하고 있는지 무의식중에 감지하고 있다. 어색한 공기, 수동적인 응대,

열정 없는 서비스는 단박에 그 '감정의 흐름'을 깨 버린다.

2. 팀워크 없는 브랜드는 껍데기뿐이다

한때, 브랜드 전략서를 열심히 쓰고, SNS에 통일된 피드를 꾸미고, 트렌디한 문구로 공간을 설명하려 한 적이 있다.

하지만 내부는 엉켜 있었다. 소통되지 않은 감정, 억지로 일하는 태도, "저건 대표님 개인 취향이죠"라고 말하는 거리감.

그때 깨달았다. 겉으로 아무리 멋져 보여도, 안에서 사람들이 '같이 움직이지 않으면' 브랜드는 망가진다는 것을.

브랜드는 철학이 아니라 실천이다. 그 실천은 팀이 얼마나 한 방향으로 움직이느냐에 달려 있다.

3. 우리 팀의 방식: 태도와 감정의 연결

우리가 '원팀'이 되기로 한 이후, 업무 방식에도 큰 변화가 생겼다.

하루 시작 전, 10분간 '공간의 분위기'에 대해 나누기
행사 전, '이 손님은 어떤 감정으로 올까?'를 미리 상상해 보기
불편한 일이 생기면, '왜 그랬는지'보다 '어떻게 느꼈는지'를 묻기

이런 작은 습관들은 단순한 매뉴얼이 아니라 브랜드의 결을 만드는 감정의 리허설이 되었다.

손님이 느끼는 "여기 따뜻해요."는 결국 팀 내부에서 오간 수십 번의 감정 조율의 결과였다.

4. 브랜드는 '관계의 총합'이다

이 공간의 이름은 '넛지스북카페'다. 책을 nudging(살짝 밀어주는)하듯, 사람의 삶을 조용히 밀어주는 공간을 꿈꿨다. 그 철학이 말뿐이 되지 않으려면 내부 관계부터 먼저 그렇게 움직여야 했다. 서로를 재촉하지 않고, 감정적으로 격려하고, 가장 약한 속도를 기준으로 맞춰 가는 팀워크.

그런 팀워크는 손님 응대에도 고스란히 드러난다. 바쁜 날에도 급하지 않고, 실수가 있어도 탓보다는 보완을 먼저 얘기한다.

5. 브랜드는 얼굴보다 몸짓이다

많은 브랜드가 '보이는 이미지'를 만들기 위해 힘쓴다.

하지만 나는 확신한다. 브랜드의 진짜 이미지는, 일하는 사람들의 표정과 태도에서 결정된다.

브랜드를 몸에 새기고 있는가? 그건 포스터에 적힌 미션이 아니라, 팀원이 서로의 말을 듣는 방식, 바쁜 날에도 끝나고 서로를 챙기는 방식에 담겨 있다.

6. 우리는 '같은 공간'을 만드는 것이 아니라 '같은 감정'을 만든다

처음 우리는 공간을 디자인하고, 좋은 콘텐츠를 만들고, 좋은 책을 큐레이션하면 사람들이 몰릴 줄 알았다.

하지만 진짜 중요한 건 공간 안에 흐르는 감정의 기류를 맞추는 일이었다.

불안한 팀은 불안한 공간을 만든다. 존중하는 팀은 존중받는 공간을 만든다. 서로에게 기대는 팀은, 손님도 기대게 만든다.

마무리하며

공간을 운영한다는 건 결국 사람을 운영하는 일이고, 사람이 만드는 브랜드는 팀워크라는 보이지 않는 줄 위에 서 있다.

그래서 나는 오늘도 이렇게 묻는다.

"우리는 지금 어떤 기분으로 일하고 있나요?"
"이 감정이 손님에게 닿아도 괜찮은가요?"

그 질문은, 우리 브랜드의 가장 중요한 운영 원칙이다. 그리고, 우리가 브랜드를 '같이' 만들고 있다는 유일한 증거다.

확장 vs 집중, 나는 무엇을 선택했나
— 눈에 보이는 성장보다, 마음에 남는 깊이를 택하다

1. "확장하세요"라는 말이 불편했던 이유

운영 6개월 차쯤, 매출이 안정되고 작은 입소문들이 퍼지기 시작하자 사람들은 이렇게 말했다.

"이제 2호점 내야죠."
"프랜차이즈 하셔도 되겠어요."
"지금 키워야 해요, 기회예요."

그 말들은 칭찬처럼 들렸지만, 한편으로는 마음 한구석이 불편했다.

내가 처음 이 공간을 만들 때 바랐던 건 '공간이 확장되는 것'이 아니라, '사람의 경험이 깊어지는 것'이었기 때문이다.

하지만 나는 잠시 흔들렸다. 혹시 내가 현실을 회피하는 건 아닐까? 지금 확장하지 않으면 기회를 놓치는 건 아닐까?

2. 확장을 시도한 시간

한 달, 두 달, 나는 '확장'을 모의했다. 새로운 공간을 알아보고, 투자자 미팅도 가 보고, 운영 매뉴얼도 만들어 보기 시작했다.

그런데 이상하게도 점점 내 공간의 공기가 무거워지기 시작했다.

하루하루 콘텐츠의 밀도는 떨어지고, 직원들의 얼굴에선 여유가 사라졌고, 나조차 '지금 여기를 왜 하고 있는지' 혼란스러웠다.

그러던 중, 한 손님이 남긴 한마디.

"요즘 이곳에서 예전 같던 따뜻함이 조금 줄었어요."

그 말은 정곡을 찔렀다. 확장을 준비하는 동안, 나는 지금 '여기'에 집중하지 못하고 있었던 것이다.

3. 나는 '깊이'를 선택했다

그날 밤, 나는 결심했다.

나는 확장보다 집중을 선택하자.
한 곳이라도 정말 '깊이 있는 공간'을 만들자.
매출보다 기억에 남는 경험을 만들자.
사람이 다시 오고 싶게 만드는 밀도를 쌓자.

그리고 이렇게 다짐했다.

"넓히는 대신, 깊게 들어가자. 더 많은 사람이 아닌, 더 가까운 사람을 만나자."

4. 집중이 만든 변화들

독서 큐레이션 10회권 서비스를 시작했다.
→ 같은 책을 함께 읽는 '지속적인 연결'이 생겼다.

관계짓기 컨설팅(300만 원) 프로그램을 열었다.

→ 삶의 전환점을 고민하는 손님과 진짜 관계가 생겼다.

멤버십 프로그램을 리뉴얼해 단골을 위한 특별한 감정 이벤트를 기획했다.
→ '공간의 팬'이 생겼고, 이들이 공간을 함께 지켜 줬다.

무엇보다도, 한 명의 손님과 더 오래, 더 진심으로 연결되는 관계가 생겼다.

5. 확장이 아니라 '농도'가 브랜드를 만든다

확장은 멋있고 화려하다. 하지만 진짜 브랜드는 확장에서 생기지 않았다.

콘텐츠의 깊이,
관계의 지속성,
감정의 농도,

이 모든 건 집중하지 않으면 결코 만들어지지 않는 것이었다. 나는 이제 확장을 말하는 대신 이렇게 말한다.

"한 사람의 마음에 오래 남는 공간이 되고 싶어요."
"지금 여기서 끝까지 잘해 보는 게 제 목표예요."

그 말이 상업적으로 야망이 없어 보일 수도 있다. 하지만 나는 안다. 브랜드는 언젠가 확장되더라도, '집중의 철학'을 잃으면 방향을 잃는다는 것.

마무리하며

확장 vs 집중.

나는 지금도 이 질문 앞에서 계속 생각한다. 그런데 이제는 망설임 없이 답할 수 있다.

"나는 집중을 선택했다. 그리고 그것이 내 브랜드의 정체성이 되었다."

어떤 사업은 넓게 퍼지는 게 목적일 수 있다. 하지만 내 공간은 깊게 스며드는 것이 목적이었다.

초심으로 돌아가다
— '성장'이라는 말 뒤에 숨겨진, 작고 소중한 것들

1. "바쁘다"는 말의 그림자

매일 아침, 7시 30분에 눈을 뜬다. 입고 나갈 옷을 고르고, 예약 확인 문자에 답하고, 메뉴 재료를 발주하고, 그날 대관팀과 큐레이션 손님들 동선을 체크한다.

숨 돌릴 틈도 없이 흘러가는 하루. 운영 1년 차. 매출은 꾸준히 오르고 있었다. 뉴스레터 구독자는 500명을 넘었고, 멤버십 회원도 60명을 돌파했다. 언뜻 보기엔 잘 굴러가는 것처럼 보였다.

하지만 이상했다. 왜 나는 더 외로워지고 있었을까? 왜 이 공간이 점점 '내 공간 같지 않다'는 느낌이 들까?

어느 날 밤, 문을 닫고 남은 조용한 카페 안에서 나는 조용히 커피 머신 앞에 섰다. 그리고 물었다.

"나는 지금, 왜 이렇게까지 하고 있지?"

2. 내 공간이 아닌 느낌

지인들이 방문했을 때 이런 말을 자주 했다.

"요즘은 너무 상업적으로 바빠 보여."
"처음 왔을 땐 여긴 더 느리고 감성적이었는데."

처음에는 대수롭지 않게 넘겼지만, 하나둘 이런 말이 쌓이자 나는 불안해졌다.

그렇다. 이 공간은 분명히 '책과 사람의 연결'을 위해 만들었는데 어느새 각종 이벤트, 협찬, 협업 제안들에 휘둘리며 '운영하는 사람'이 아니라 '기획을 소비하는 사람'처럼 느껴졌다.

공간이 무대라면, 이제 나는 그 무대에서 내려온 연출자가 아니라 관중석에서 박수만 치고 있는 느낌이었다.

3. 그날, 손님 한 명의 문장

금요일 저녁, 오랜만에 혼자 책을 읽으러 온 손님이 조용히 말을 걸었다.

"대표님, 여기 예전엔 더 따뜻했어요. 그땐 책을 고를 때마다 누군가 옆에서 같이 골라 주던 느낌이 있었는데요."

나는 말문이 막혔다. 그 문장 속에 모든 대답이 들어 있었기 때문이다. 초심은 '일의 방식'이 아니라, '사람을 대하는 태도'였다는 것을. 그건 시스템이나 프로그램이 아니라, 내가 얼마나 거기에 진심으로 존재하고 있었는가의 문제였다.

4. 다시 꺼낸 2024년의 노트

나는 서랍 안을 뒤져 2024년 6월, 공간을 준비하던 날 써 내려간 노트를 꺼냈다.

"이 공간은 어떤 위로도 없이 하루를 끝내는 사람에게 작은 쉼표가 되었으면 좋겠다."
"매출보다 '그 사람 오늘 괜찮았을까'를 먼저 생각할 것."
"의자 배치는 대화가 흐를 수 있도록 설계할 것."

나는 울컥했다. 그 시절의 내가 지금의 나에게 가장 단단한 충고를 던지고 있었다.

5. 초심을 되살리는 실천

나는 하나하나 정리하기 시작했다. 더 이상 의미 없이 늘어난 콘텐츠는 과감히 접고, '사람과의 연결'을 다시 중심으로 놓았다.

손님 한 사람 한 사람의 이름을 다시 불렀다. 책 큐레이션을 자동화하지 않고 직접 추천문을 적었다. 행사 수를 줄이는 대신, 하나하나를 깊이 있게 준비했다. 무엇보다, 내 자리를 카운터 뒤가 아닌, 손님과 같은 눈높이로 옮겼다.

그 결과, 한동안 뜸했던 단골들이 다시 돌아오기 시작했고 처음처럼 "여긴 이상하게 편해요"라는 말이 들려오기 시작했다.

6. 초심은 낭만이 아니다, 선택이다

'초심을 지키자'는 말은 단순히 따뜻하거나 감성적인 말이 아니다. 그건 매우 전략적이고, 명확한 운영의 방향이다.

초심을 지킨다는 것은 정체성을 잃지 않겠다는 선언이며, 장기적인 생존을 위해 가장 선명한 나만의 자리를 지키겠다는 결심이다.

사람들은 끊임없이 트렌드에 흔들리고, SNS 알고리즘은 매일 바뀌며, 시장의 언어는 매출과 효율만을 요구한다. 그 속에서 초심을 지키는 것은 결코 나약한 선택이 아니다.
오히려 가장 용기 있는 선택이다.

7. 다시, 처음처럼

나는 여전히 부족하고 여전히 완벽하지 않은 운영자지만 요즘은 이런 마음이 자주 든다.

"그래, 내가 왜 이걸 시작했는지 잊지 말자."
"좋은 하루를 만든다는 건, 숫자가 아닌 사람을 바라보는 일이다."

매출은 오를 수도 있고, 떨어질 수도 있다. 그러나 공간에 깃든 진심의 밀도는 그 무엇보다 오랫동안 사람들 마음에 남는다.

마무리하며

나는 이제 다시 '작지만 진짜인 공간'의 운영자로 돌아왔다. 그리고 앞으로도 잊지 않을 것이다.

처음처럼, 진심으로. 초심은 다시 찾는 것이 아니라, 매일 다짐하며 살아 내는 것이다.

8장

이제는 플랫폼으로 확장한다

— 공간은 장소가 아니라 콘텐츠다

콘텐츠 IP로서의 공간

1. "공간도 브랜드가 될 수 있을까?"

처음에는 전혀 그런 생각을 하지 못했다. 내가 하는 일은 '카페 운영'이라고 생각했다. 커피를 내리고, 책을 큐레이션하고, 조용한 분위기를 유지하는 것.

하지만 사람들이 나에게 질문하기 시작했다.

"이 모임은 다른 데서도 열 수 없을까요?"
"큐레이션 목록, 워크북으로 받을 수 있나요?"
"이 공간 이야기, 책으로 내면 좋겠어요."

그때부터 내 생각이 바뀌기 시작했다. 공간은 소비되는 장소가 아니라, 경험이 축적되는 콘텐츠다. 그리고 이 경험은 더 많은 사람에게 전달될 수 있다. 플랫폼처럼.

2. IP로서의 공간이란 무엇인가?

IP, 즉 지식재산권. 기존에는 책, 영화, 캐릭터 같은 창작물만을 IP라고 생각했지만 이제는 공간 자체가 하나의 브랜드 콘텐츠가 될 수 있다. 그 공간에서 벌어지는 경험, 그 공간이 담는 이야기, 그 공간을 통해 형성되는 커뮤니티까지. 모두 IP의 자산이 된다.

이 공간에서는 다음과 같은 IP가 생겨났다:
독서모임 시리즈 (책×사람×이야기)
자기서사 워크숍
책방 브랜딩 컨설팅 사례집
에세이 공동 창작 프로젝트
공간 운영자의 브랜딩 매뉴얼

각각은 이 공간 안에서 태어났지만, 이제는 공간 밖에서도 판매되고 전파되는 콘텐츠 IP가 되었다.

3. 하나의 프로그램이 IP가 되기까지

예: '자기서사 쓰기 워크숍'

이 워크숍은 처음엔 단순한 책 쓰기 모임이었다. 하지만 참여자 한 명이 말했다.

"이 과정에서 저는 제 인생의 목적이 바뀌었어요. 저는 평생 도망만 쳐 왔던 사람인데, 처음으로 저를 써 봤어요."

그 말을 듣고, 나는 이 워크숍을 단순한 모임이 아니라 한 사람의 인생을 전환시키는 콘텐츠로 보기 시작했다.

그래서 한 일을 구체적으로 말하자면:
모든 수업 내용을 워크북 형태로 정리
참가자 후기와 변화 사례 수집
수료자 인터뷰 영상 제작
키트(노트, 글쓰기 도구, 메일링 키트) 제작
이후 타 카페, 기업 교육, 소모임 등으로 파생

이처럼 한 프로그램이 단순히 '소비되고 사라지는 경험'이 아니라 계속해서 활용되고, 공유되고, 수익화되는 콘텐츠 IP로 성장한 것이다.

4. 콘텐츠 플랫폼으로서의 구조 만들기

내 공간은 지금 이런 구조로 움직인다:

영역	설명	콘텐츠 형태
오프라인	책 모임, 전시, 공연, 클래스	현장 경험
디지털 콘텐츠	워크북, 리플렛, 뉴스레터	자료화/브랜딩
SNS 콘텐츠	인터뷰, 후기, 인사이트 카드	확산/공감
수익모델 IP화	큐레이션 10회권, 컨설팅 300만 원 패키지	외부 판매 가능 콘텐츠

이 구조는

1) 경험을 콘텐츠로 만들고
2) 콘텐츠를 구조화하여 재생산하며
3) 그 콘텐츠를 다시 플랫폼처럼 유통하는 방식이다.

5. 공간이 플랫폼이 되는 전환점

이 전환의 핵심은 두 가지였다:

1) 기록의 습관

내가 직접 기록하는 것뿐 아니라, 참여자들이 남기는 말과 감정을 수집하고, 나중에 콘텐츠화할 수 있도록 보관했다.

그 결과, '모임의 후기'는 하나의 콘텐츠가 되고, '리뷰'는 책 소개보다 더 강력한 설득력이 되었다.

2) 확장의 상상력

하나의 경험을 어떻게 더 많은 사람과 나눌 수 있을지를 항상 고민했다.

그래서 책 모임을 온라인으로 옮기고, 낭독회를 팟캐스트로 확장하고, 공간 큐레이션을 '진로상담'으로 연결하기도 했다.

이제 공간은 더 이상 단지 사람을 기다리는 장소가 아니다. 이 공간은 콘텐츠가 유통되고, 확장되는 플랫폼이다.

6. 나는 왜 확장을 선택했는가?

정체된다는 두려움 때문만은 아니었다. 내가 가진 콘텐츠가 더 많은 사람에게 도달할 수 있다는 가능성 때문이었다.

그리고 이 공간을 플랫폼으로 확장했을 때 놀라운 일이 벌어졌다.

물리적 제약을 넘었다. 매장이 쉬는 날에도 콘텐츠는 돌아갔다. 나를 모르던 사람이 브랜드를 알게 됐다. 공간이 아니라 콘텐츠로 진입한 고객도 생겼다. 단골이 콘텐츠 제작자·협업자로 전환됐다. 그들은 내 브랜드의 홍보자가 되었다.

7. 플랫폼은 결국 '사람의 네트워크'다

콘텐츠는 기술이 아니라 사람에서 출발한다. 이 공간이 콘텐츠가 되고, 브랜드가 되고, IP가 될 수 있었던 이유는 매일 이곳에 와서 삶을 공유한 사람들 덕분이다.

나는 플랫폼을 만든 것이 아니라, 사람들이 플랫폼이 되게끔 도운 것뿐이다. 그들이 이곳을 기록했고, 공유했고, 다시 누군가를 데려왔다.

그 확장의 끝에는 '커뮤니티로 살아남는 브랜드'라는 정체성이 자리 잡게 되었다.

마무리하며

공간이 IP가 된다는 건 하나의 장소가 수많은 이야기의 출발점이 되는 일이다. 그 이야기들을 잊지 않고, 흘려보내지 않고, 기록하고, 구조화하고, 유통할 수 있다면 공간은 더 이상 고정된 물리적 장소가 아니라 지속 가능한 브랜드 콘텐츠로 거듭날 수 있다.

지금 이 순간에도, 당신의 공간에서 일어나는 그 경험 하나가 미래의 콘텐츠가 되고, IP가 될 수 있다.

이제, 당신의 공간은 플랫폼이 될 수 있다.

지역 기반 커뮤니티의 가능성

1. 동네라는 플랫폼, 그 가능성에 눈뜨기까지

내가 공간을 열었을 때 가장 먼저 했던 일은 동네를 관찰하는 것이었다. 카페를 차렸지만 단순히 커피를 팔고 싶지는 않았다. 이 거리에 어떤 사람이 다니고, 어떤 이야기가 흐르는지 알고 싶었다.

아침에 빠르게 지나가는 사람들
낮에 유모차를 끌고 커피를 테이크아웃하는 엄마들
오후 4시쯤 조용히 혼자 와서 노트북을 켜는 20대 여성
퇴근 후, 맥주 대신 책을 읽으며 하루를 정리하는 남성

'이 동네에는 관계를 맺고 싶은 사람들이 이렇게 많구나.'

이들은 대화는 없지만, 누군가 옆에 있는 시간이 필요해 보였다. 그래서 나는 공간에 느슨한 연결의 조건들을 깔아 두기 시작했다.

책을 읽다 눈이 마주치면 웃을 수 있는 분위기
책장을 함께 볼 수 있도록 배치한 큐레이션
모임을 시작할 땐, 이름과 관심사를 나누는 인사법

작은 변화였지만, 그 공간 안에서는 익명성 대신 '동네 사람'이라는 정체성이 싹트기 시작했다.

2. 지역 커뮤니티는 공간의 생존 전략이다

장사는 비수기가 찾아온다. 계절의 영향, 경기의 영향, 유행의 영향 모두 크다. 그럴 때마다 나를 붙잡아 준 건 '커뮤니티'였다. 이 공간을 중심으로 태어난 관계망은 단순한 손님이 아니었다.

독서모임을 함께했던 분이 친구에게 공간을 소개하고 글쓰기 모임 참가자가 SNS에 후기를 쓰고 큐레이션 클래스에 온 지역 주민이 강사가 되어 주었다.

이 구조는 단순 소비자가 아닌 '참여자'가 만들어 낸 유기적인 시스템이었다. 즉, 공간의 가치를 외부에 알리는 것도, 지속 가능성을 높이는 것도 '지역 기반 커뮤니티'가 했던 것이다.

그들은 이 공간을 카페 이상으로 여겼고, 모임을 넘어 자기 표현의 장으로 인식했고, 심지어 "이 공간은 내 삶의 일부"라고 말해 주기도 했다.

3. 지역은 브랜드의 '신뢰 기반'이 된다

사실 브랜드는 '말'을 잘해서 만들어지는 게 아니다. '행동과 맥락의 축적'이 바로 브랜드다. 그 행동이 가장 뚜렷하게 보이는 곳이 '지역'이다. 왜냐하면…

매일 보는 사람은 쉽게 속지 않는다. 꾸준히 해야 신뢰가 쌓인다. 작은 말도 금세 퍼진다. 이 긴장감 속에서 나는 늘 스스로를 점검하게 됐다.

"오늘도, 이 공간은 나의 진심을 보여 주고 있나?"
"이들이 이 공간에서 나를 신뢰할 만한 이유가 있나?"

그리고 이 지역 커뮤니티의 피드백은 날카롭지만 가장 애정이 담겨 있었다.

"대표님, 요즘 너무 피곤해 보이세요."
"이번 큐레이션엔 조금 덜 신경 쓰신 것 같아요."
"이번 글쓰기 주제는 조금 어려웠어요, 다음엔 쉬운 주제로 해 주세요."

이 피드백들이 나의 브랜드를 더 '사람다움'으로 채우는 자양분이 되었다.

4. 지역 커뮤니티, 콘텐츠 IP의 씨앗이 되다

한 동네에서 싹튼 커뮤니티는 결국 하나의 콘텐츠로 진화했다.

글쓰기 모임은 '자기서사 에세이'가 되었고 독서모임은 '온라인 정기 구독' 프로그램으로 확장되었으며 동네 예술가들과의 협업은 '굿즈+전시'라는 콘텐츠 IP가 되었다.

이처럼 지역 커뮤니티는 공간에만 머무르지 않고 '복제 가능한 콘텐츠'로 발전한다.

그게 바로 '콘텐츠 IP로서의 공간'이라는 개념이다. 한정된 좌석, 한정된 지역 안에서만 머물지 않고 경험과 관계를 스토리로 풀어 온라인, 출판, 전시, 클래스 등으로 유통 가능한 자산으로 만들 수 있었다.

이 과정의 핵심은 무엇이었을까? "진짜 경험을 한 진짜 사람들이 만든 진짜 콘텐츠"였기 때문이다. 그것이 '신뢰'라는 브랜드 자산과 연결되었다.

5. 동네에서 태어나 세계로 나아가는 이야기

지금 이 공간은 작은 동네 골목에 있지만, 나는 이 이야기가 멀리까지 닿을 수 있다고 믿는다.

왜냐하면, 사람은 결국 '근처'에서 살아가기 때문이다. 누구든 동네가 있고, 그 안에 연결을 원하고, 자신의 이야기를 나누고 싶어 한다.

이 모델은 전국 어디서든 가능하다. 그리고 공간이 아니라 '커뮤니티 운영 방식'과 '관계의 설계'가 콘텐츠가 된다면, 이곳은 더 이상 한 골목의 카페가 아니다. 지역 기반 플랫폼이자, 콘텐츠 허브가 된다.

마무리하며: 우리는 연결될수록 더 강해진다

지역 기반 커뮤니티는 느리고, 번거롭고, 손이 많이 간다. 하지만 그만큼 단단하고, 진짜다.

사람들이 말한다.

"이 공간에 오면 내 이름을 불러 주는 느낌이 들어요."
"여긴 그냥 책을 읽는 게 아니라 '나를 발견하는 곳'이에요."

그 말이 나를 붙잡아 준다. 이 공간을 넘어, 이 지역을 넘어 사람이 사람으로 연결되는 플랫폼을 만들고 싶다.

그리고 그 첫걸음은 언제나 한 동네에서, 한 사람의 이름을 불러 주는 것에서 시작된다.

책에서 굿즈, 클래스까지
— 하나의 이야기, 다양한 확장

1. '하나의 경험'이 얼마나 멀리 갈 수 있을까?

이 질문이 확장의 시작이었다. 어떤 손님이 내게 물었다.

"이 공간에서만 할 수 있는 건가요? 책이든, 클래스든… 집에서도 느낄 수 있으면 좋겠어요."

그 말은 내게 새로운 시선을 줬다.

'이 경험을 공간 안에만 가둘 필요가 있을까?'

그때부터 나는 내가 만든 콘텐츠를 유통 가능한 형태로 하나씩 풀기 시작했다.

2. 책: 공간의 철학을 기록하는 가장 단단한 도구

처음 만든 것은 '자기서사 글쓰기 워크북'이었다. 이 공간에서 진행하던 글쓰기 모임에서 나온 질문들을 모았다.

나는 왜 이 일을 하게 되었는가?
내가 지금 두려워하는 것은 무엇인가?
삶에서 잊지 말아야 할 장면은 언제였나?

이 질문들 하나하나가 참여자들의 삶을 흔들었고, 누군가는 눈물을 흘렸고, 누군가는 에세이를 써서 작은 출판까지 하게 되었다.

나는 그 흐름을 기록으로 정리했다. 디자인을 입히고, 작은 판형으로 제작해, 공간의 첫 '책자 콘텐츠'가 탄생했다.

《나를 쓰는 시간》

자기서사 글쓰기 워크북
4주 구성, 셀프코칭형 질문 + 짧은 안내문

이 책은 단순한 인쇄물이 아니었다. 공간의 철학과 세계관, 프로그램의 핵심이 담긴 IP였다.

3. 굿즈: 감각의 기억을 물성으로 남기다

공간은 체험이지만, 체험은 시간이 지나면 흐려진다. 그래서 나는 그 '감각의 기억'을 붙잡고 싶었다. 굿즈는 그것을 실현하는 물성이었다.

굿즈 기획 사례

굿즈명	콘셉트	특징
감정다이어리	하루 한 줄, 감정을 기록하는 노트	글쓰기 워크숍 참여자 요청으로 개발
사적인 질문 엽서세트	자문자답 카드 20종	자기서사 워크북 기반
북큐레이션 향초	책별 테마 향기	책과 감정의 연결
책, 사람, 이야기 볼펜	공간 슬로건 굿즈화	클래스 수료자 기념 선물
우드책갈피	북카페 도서 굿즈화	정기 독서모임 참가자 선물

이 굿즈들은 단순히 물건이 아니었다. 공간에서 받은 감정, 감동, 통찰을 다시 일상으로 불러오는 트리거였다.

그리고 놀랍게도, 굿즈 구매자 중 절반 이상이 "공간은 못 가 봤지만 콘텐츠는 SNS로 접했다"고 말해 주었다.
→ 굿즈는 '공간 밖의 고객'과 연결되는 훌륭한 브릿지였다.

4. 클래스: 참여형 콘텐츠의 브랜드화

공간이 단지 '소비의 장소'가 아니라 배움과 창조의 플랫폼이 되려면 클래스 콘텐츠가 필수였다.

나는 '클래스를 기획할 수 있는 구조'를 갖추기 위해 다음과 같은 방식으로 운영했다.

클래스 설계 방식

1단계	감정 중심의 글쓰기 주제 도출
	(ex. '나의 사적인 사계절')
2단계	주차별 구성 / 질문 설계
	4~6주 모듈화
3단계	워크북 제작
	인쇄 / PDF 다운로드
4단계	후기 아카이빙 → 책 or 웹 콘텐츠화
	SNS 후기로 홍보 자동화
5단계	수강자 연계 콘텐츠 개발
	강사되기 과정, 공동 출판 등

이 클래스는 단순 체험이 아니라, 브랜드의 미션과 철학을 전달하는 강력한 채널이 되었다.

그리고 '자기서사 쓰기', '퍼스널 브랜딩', '감정의 말 만들기' 같은 주제는 이후 다양한 기업 연수, 공공기관 워크숍, 타 공간 협업 등으로 확장되었다.

5. 하나의 콘텐츠, 세 가지 수익 모델

정리해 보면 하나의 글쓰기 콘텐츠가 다음과 같이 구조화되었다.

콘텐츠 1개 → 3개 이상 수익 모델 파생

콘텐츠 자산	수익 모델	비고
글쓰기 워크북	관련 굿즈	감정 노트, 엽서 세트, 테마 펜 등
온라인몰/공간 판매 병행	클래스	정규 프로그램(4주~6주), 외부 기관 출강, 강의안 패키지화로 라이센싱 가능

이처럼 하나의 경험이 콘텐츠가 되고, 그 콘텐츠가 형태를 바꿔 확장되고, 다시 그 콘텐츠가 고객과의 새로운 연결을 만든다.

6. 브랜드의 지속가능성은 콘텐츠의 '복제력'에 달렸다

공간의 분위기, 사람의 표정, 현장의 감정은 그대로 재현하기 어렵다. 하지만 콘텐츠는 그 본질을 기록하고, 전하고, 유통할 수 있다. 그래서 나는 늘 묻는다.

"이 경험은 어디까지 갈 수 있을까?"
"이 감정은 어떤 형태로 남을 수 있을까?"
"이 콘텐츠는 공간 밖에서도 유효할까?"

이 질문에 대한 답을 계속 찾아온 결과, 지금 나는 책, 굿즈, 클래스, 콘텐츠 라이센스까지 보유한 플랫폼 브랜드가 되어 가고 있다.

마무리하며: 확장보다 깊이, 깊이에서 다시 확장

확장은 무조건 외연을 넓히는 일이 아니다. 한 콘텐츠를 얼마나 깊게 파고들 수 있느냐, 그 깊이에서 파생되는 확장성은 얼마나 풍부하냐에 따라 브랜드의 지속 가능성이 결정된다.

책에서 굿즈로, 클래스에서 라이브 콘텐츠로, 온라인에서 다시 오프라인으로. 이 순환 고리 안에 나의 철학이 담겨 있다면 그것이 바로 '콘텐츠 IP로서의 공간'이다.

다음은 무엇을 열까?

1. 무언가를 닫고 나서야, 다음이 열린다

운영 초기에는 살아 내는 것만으로도 숨이 찼다. 6개월 차에는 이 공간이 사람들의 삶에 스며드는 걸 체감했다. 1년 차가 되자 질문이 생겼다.

"그다음은 뭘까? 우리는 지금 어디쯤 와 있는 걸까?"

카페, 모임, 클래스, 굿즈, 출판까지 확장하면서 이 공간은 단순한 카페 이상의 무언가가 되었다. 하지만 동시에 나는 알게 되었다. 무언가를 열기 전에, 무언가를 조용히 닫아야 한다는 사실을.

나는 물리적인 확장이 아니라 질적인 변화, 정체성의 농도, 철학의 깊이에 더 집중하고 싶어졌다.

2. 이제는 '공간'이 아니라 '질문'을 판다

이 공간에서 제공하고 싶은 건 더 이상 커피 한 잔이 아니다. 책 한 권, 모임 한 회차, 클래스 한 수업을 넘어 나는 '질문'을 팔고 싶다.

당신은 왜 여기에 왔나요?
지금 당신 삶에서 가장 중요한 감정은 무엇인가요?
당신의 이야기를 세상에 어떻게 남기고 싶나요?
이 질문을 들은 사람은
커피보다 더 깊은 무언가를 마시게 된다.
책보다 더 오래 기억되는 무언가를 품게 된다.

그리고 그 질문을 기반으로 나는 '다음'을 설계해 보기로 했다.

3. 다음으로 열고 싶은 것들

1) 로컬 콘텐츠 아카이브 플랫폼

이 공간에서 태어난 글쓰기, 큐레이션, 자기서사, 커뮤니티 운영 경험들을 디지털로 정리하고, 누구나 접근 가능한 형태로 공개한다.

온라인 워크북
클래스 운영 매뉴얼
큐레이션 리포트
지역 브랜드 사례 아카이브

누구나 자신의 공간을 콘텐츠 플랫폼으로 키울 수 있도록 지속 가능한 로컬 브랜딩 자료실이자, 실천 도구 상자를 만든다.

2) 작은 출판사 or '느린 글쓰기 공방'
이곳을 거쳐 간 사람들의 이야기, 독립적이고 사적인 삶의 서사를 책으로 남기는 출판 공간.

글쓰기 졸업 에세이 출판 지원
로컬 작가 리브랜딩 프로젝트
1인 출판사 창업 지원 워크숍
"내 이름으로 책을 낼 용기" 클래스
커피보다 더 깊은 여운,

이야기보다 더 오래가는 기록을 남기는 공간으로 진화한다.

3) 관계 기반 서비스 디자인 스쿨
내가 경험한 공간 기획, 커뮤니티 운영,
콘텐츠 IP화 과정을 교과 과정처럼 나누는 실천형 스쿨.

공간 운영 101
커뮤니티 디자이너 양성 과정
감정 기반 기획서 쓰기
퍼스널 브랜딩 워크숍 설계법

한 명의 운영자를 열 명의 새로운 운영자로 확장하는 일. 그것이 진짜 지속 가능성이라고 믿는다.

4. 질문이 다음을 연다

나는 자주 묻는다.

정말로 나다운 방식인가?
지금 이 방향은 지속 가능한가?

이 선택이 사람을 살리는가?

다음은 '더 크게'가 아니다. 다음은 '더 나답게', '더 사람답게'다.

플랫폼의 끝은 결국 다시 사람이다. 사람과 사람이 만나는 가장 진실한 방식, 그 연결을 돕는 도구를 만들고 싶다.

5. 끝나지 않는 실험

이 공간은 완성된 적이 없었다. 매일이 새로웠고, 매일이 불완전했으며, 그렇기에 매일이 실험이었다.

다음은 무엇을 열까? 나는 여전히 확신할 수 없다. 하지만 하나만은 분명하다.

"이 공간은 사람의 이야기로 시작했고, 사람의 가능성으로 확장되어 왔다. 그리고 그 방향은 앞으로도 변하지 않을 것이다."

마무리하며: 확장은 외연이 아니라 깊이에서 온다

플랫폼은 그저 기술이나 구조가 아니다. 플랫폼은 철학이자 태도이고, 사람을 향한 시선이다.

다음은 언제나 정해지지 않았다. 다음은 항상 질문과 실험에서 시작됐다.

그리고 지금, 나는 다시 묻는다.

다음은 무엇을 열까? 그리고 그다음에는 어떤 사람이 이 공간에 들어설까?

에필로그 | 이 공간은 결국 나의 성장 기록이었다

처음 이 공간을 열었을 때, 나는 '장사를 시작한다'는 마음으로 문을 열지 않았다. 그저, 내가 좋아하는 책과 사람들이 함께 있을 수 있는 공간을 하루라도 운영해 보고 싶었다.

커피를 팔면서, 누군가와 대화를 나누면서, 나는 동시에 나를 이해해 가는 시간 속에 있었다.

책은 손님을 위한 큐레이션이었지만, 결국 내가 그때 그 시기에 필요했던 말이었고, 클래스는 누군가를 돕기 위한 프로그램이었지만, 결국 내가 가장 먼저 듣고 싶던 질문이었다.

관계, 실패, 용기 그리고 나

이 공간은 많은 사람을 만났다. 그만큼 많은 관계가 있었고, 서운함도, 감동도, 갈등도, 우정도 있었다.

지금 돌이켜 보면 그 모든 순간이 '내가 성장해야 했던 자리'였다. 내가 더 잘 들을 수 있었더라면, 내가 조금만 더 용기를 냈더라면, 내가 그 사람을 미리 알아봤더라면…

운영이란 말은 숫자와 시스템으로 이뤄진 것 같지만, 실제로는 '마음 다루기'였다. 그 마음을 제일 많이 배운 사람은, 바로 나였다.

'이 공간 덕분에'라는 말을 듣고 싶은 나

어느 날 한 손님이 말했다.

"대표님, 여기 와서 처음으로 제 감정을 글로 써 봤어요. 그냥 그런 시간이 필요했는데, 여기가 그걸 꺼내 주네요."

나는 그날 하루 종일 울컥했다. 이 공간은 그렇게, 내가 말하지 않아도 누군가의 무거운 마음을 조심히 꺼내 주는 장소가 되어 가고 있었다.

그리고 문득 깨달았다. 이 공간이 '누군가에게 무엇이었는가'는 결국 내가 '누군가에게 어떤 사람이 되고 싶었는가'와 같은 말이라는 것을.

공간은 사라져도, 나는 변하지 않는다

언젠가는 이 공간을 접어야 할 날도 올 것이다. 물리적인 공간이 사라지면 사람들은 이렇게 말할 수도 있다.

"아쉽다. 좋은 공간이었는데."

하지만 나는 그때 말하고 싶다.

"그 공간은 끝났지만, 그 공간을 만든 내 안의 태도와 철학은 여전히 살아 있다고. 그곳이 나를 키웠고, 그곳은 사실, 내 성장의 기록이었노라고."

기록은 끝이 아닌 새로운 시작

이 책이 누군가의 손에 들어가 "나도 나만의 공간을 열고 싶다"는 꿈을 다시 꺼내게 하거나, "브랜드는 결국 사람이구나"라는 통찰을 가지게 하거나, "진심으로 운영하면, 진짜가 남는구나"라고 느끼게 된다면 그걸로 충분하다.

이 공간은 끝나지 않는다. 기록이 남아 있기 때문이다. 그리고 그 기록은 언제든 새로운 질문을 만들고, 그 질문은 또 다른 공간을 열 수 있기 때문이다.

끝으로, 내게 하고 싶은 말

잘 버텼다.

너무 울지 말고, 이 공간이 너를 어떻게 키웠는지를 기억해라.

이건 결국, 사람과의 연결을 통해 성장해 온 한 사람의 내면의 풍경을 기록한 여정이었다.

나는 이제 안다.

공간은 도구이고, 콘텐츠는 매개이며, 브랜드는 결국 사람이 만든 시간의 결이다.

그리고 나는 그 시간 속에서 한 사람의 운영자에서 한 사람의 '의미 기획자'로 성장했다.

"이 공간은 결국, 나의 성장 기록이었다."